信息处理技术员
真题及模考卷精析
（适用机考）

主 编 薛大龙

副主编 上官绪阳 赵德端 王 红

·北京·

内 容 提 要

信息处理技术员第3版考试大纲已经发布，由于新版考纲相较于旧版考纲变化较大，配套发布的第3版教材与第2版教材的内容相比也有了巨大变化。这就导致历年真题、练习题等题目，无法适用于当前备考。

本书各试卷中的题目，一部分是作者结合历年考试大数据分析、第3版大纲新增或发生变化的内容、机考特点、自身丰富的授课经验全新设计的，另一部分尽管源自历年考试真题，但全部严格根据第3版考试大纲及教材的变化进行了针对性修改。因此本书全部题目完全适用于考生备考，考生完全不必担心新旧大纲及教材内容变化所带来的疑虑。本书所有的题目均配有深入解析及答案。本书解析力图通过考点把复习内容延伸到所涉知识面，同时力图以严谨而清晰的讲解让考生真正理解知识点。希望本书能够极大提高考生的备考效率。

本书由长期从事软考培训工作的薛大龙老师担任主编，薛老师熟悉考题的形式、难度、深度和重点，了解学生学习过程中的难点。

本书可作为考生备考"信息处理技术员"考试的学习资料，也可供相关培训班教学使用。

图书在版编目（CIP）数据

信息处理技术员真题及模考卷精析：适用机考 / 薛大龙主编. -- 北京：中国水利水电出版社，2024.9.
ISBN 978-7-5226-2781-6

Ⅰ．G202-44

中国国家版本馆 CIP 数据核字第 2024U6B891 号

责任编辑：周春元　　　加工编辑：杨继东　刘　宇　　　封面设计：李　佳

书　　名	信息处理技术员真题及模考卷精析（适用机考） XINXI CHULI JISHUYUAN ZHENTI JI MOKAOJUAN JINGXI（SHIYONG JIKAO）
作　　者	主　编　薛大龙 副主编　上官绪阳　赵德端　王　红
出版发行	中国水利水电出版社 （北京市海淀区玉渊潭南路 1 号 D 座　100038） 网址：www.waterpub.com.cn E-mail：mchannel@263.net（答疑） 　　　　sales@mwr.gov.cn 电话：（010）68545888（营销中心）、82562819（组稿）
经　　售	北京科水图书销售有限公司 电话：（010）68545874、63202643 全国各地新华书店和相关出版物销售网点
排　　版	北京万水电子信息有限公司
印　　刷	三河市德贤弘印务有限公司
规　　格	184mm×240mm　16 开本　11.25 印张　286 千字
版　　次	2024 年 9 月第 1 版　2024 年 9 月第 1 次印刷
印　　数	0001—3000 册
定　　价	48.00 元

凡购买我社图书，如有缺页、倒页、脱页的，本社营销中心负责调换

版权所有·侵权必究

编 委 会

主　任：薛大龙

副主任：兰帅辉　唐　徽

委　员：刘开向　胡　强　朱　宇　杨亚菲

　　　　施　游　孙烈阳　张　珂　何鹏涛

　　　　王建平　艾教春　王跃利　李志生

　　　　吴芳茜　胡晓萍　刘　伟　邹月平

　　　　马利永　王开景　韩　玉　周钰淮

　　　　罗春华　刘松森　陈　健　黄俊玲

　　　　顾　玲　姜美荣　王　红　赵德端

　　　　涂承烨　余成鸿　贾瑜辉　上官绪阳

　　　　黄树嘉

机考说明及模拟考试平台

一、机考说明

按照《2023年下半年计算机技术与软件专业技术资格（水平）考试有关工作调整的通告》，自2023年下半年起，计算机软件资格考试方式均由纸笔考试改革为计算机化考试。

考试采取科目连考、分批次考试的方式，连考的第一个科目作答结束交卷完成后自动进入第二个科目，第一个科目节余的时长可为第二个科目使用。

高级资格：综合知识和案例分析2个科目连考，作答总时长240分钟，综合知识科目最长作答时间150分钟，最短作答时间120分钟，综合知识交卷成功后不参加案例分析科目考试的可以离场，参加案例分析科目考试的，考试结束前60分钟可交卷离场。论文科目时长120分钟，不得提前交卷离场。

初、中级资格：基础知识和应用技术2个科目连考，作答总时长240分钟，基础知识科目最短作答时长90分钟，最长作答时长120分钟，选择不参加应用技术科目考试的，在基础知识交卷成功后可以离场，选择继续作答应用技术科目的，考试结束前60分钟可交卷离场。

二、官方模拟考试平台入门及登录方法

根据过往经验，模拟考试平台通常在考前20天左右才开放，且只针对报考成功的考生开放所报考的科目的界面，具体以官方通知为准。

1. 官方模拟考试平台系统操作流程
（1）考生报名成功后，通过电脑端进入 https://bm.ruankao.org.cn/sign/welcome。
（2）单击"模拟练习平台"，如下图所示。

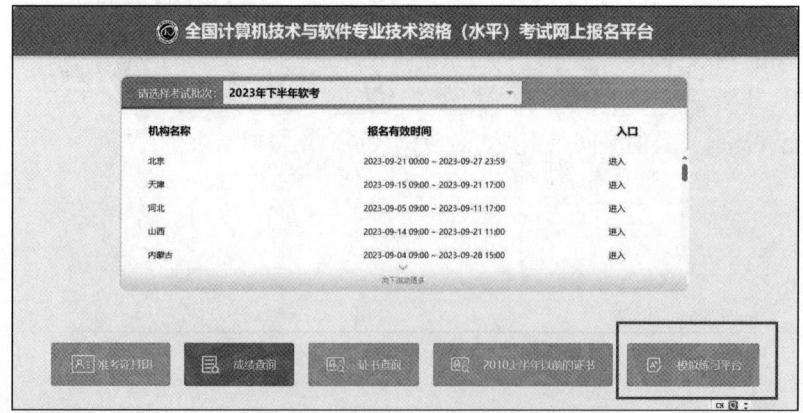

（3）登录进去后，下载模考系统进行安装，然后打开模考系统，输入考生报名时获得的账号和密码，系统会自动配对所报名的专业，接着选择要练习的试卷后单击"确定"按钮，如下图所示。

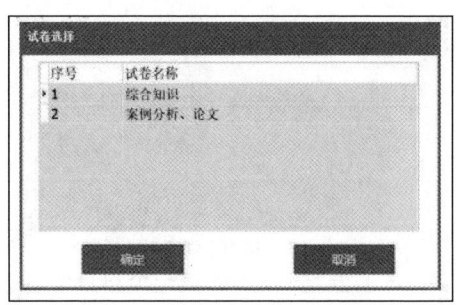

（4）登录后输入模拟准考证号和模拟证件号码。模拟准考证号为11111111111111（14个1），模拟证件号码为111111111111111111（18个1）。输入完成后单击"登录"按钮进入确认登录界面，如下图所示。

（5）登录完成后进入等待开考界面。这段时间考生需认真阅读《考场规则》和《操作指南》。阅读完毕后，单击"我已阅读"按钮，机考系统将在开考时间到达时自动跳转至作答界面。

（6）作答完毕后进行交卷。

交卷。在允许提前交卷的时间范围内，若应试人员决定提前结束作答，可单击屏幕上方的"交卷"按钮，结束答题。若有未作答的试题，机考系统将提示未作答题目数量。考生可返回作答界面继续作答或确认交卷。

交卷确认。应试人员确认交卷后，系统进入作答确认界面，将在30秒内以图片方式显示作答结果。若记录正常，应试人员应单击"确认正常并交卷"按钮交卷，确认后将不能再返回作答界面，请务必慎重，以免误操作。交卷成功后系统显示界面如下图所示。

如果碰到有些题目没有做完，选择交卷的时候系统会有提示（蓝色标记表示已经完成，橙色标记表示未完成），这时如果时间充足，最好不要提交，而是进入未完成题目继续作答。

2. 软考模拟平台试题界面介绍

试题界面上方为标题栏，左侧为题号栏，右侧为试题栏。标题栏从左到右，依次显示应试人员基本信息、本场考试名称（具体以正式考试为准）、考试科目名称、机位号、考试剩余时间、"交卷"按钮。**题号栏显示试题序号及试题作答状态，白色背景表示未作答，蓝色背景表示已作答，橙色背景表示当前正在作答，三角形符号表示题目被标记**。试题栏显示题目、作答区域及系统功能。

基础知识卷的试题栏如下图所示。

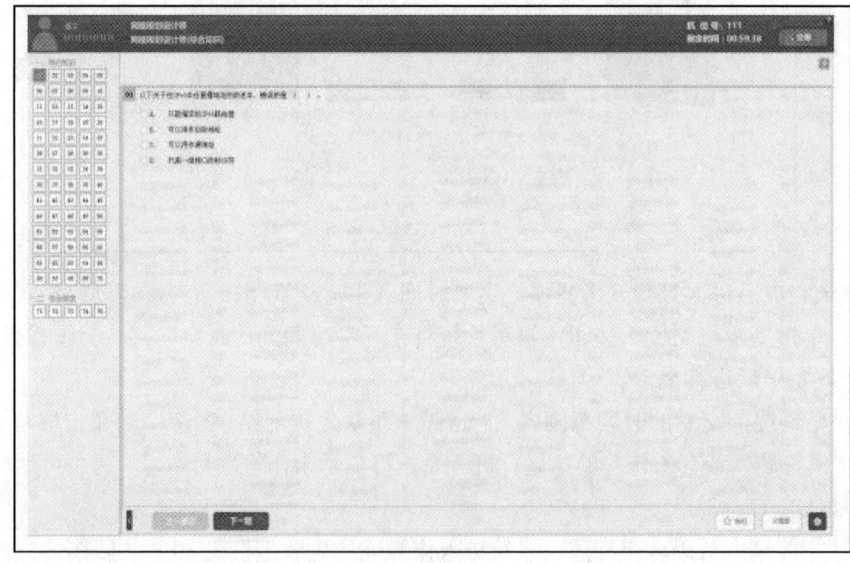

应用技术卷和论文卷的答题栏还会有一些单独的功能键，比如画图（单独的一个绘图程序）、计算器、输入法（根据考点不同，有些考点有十多种，最基本的输入法有微软拼音、极点五笔、搜狗拼音），具体如下页图所示。

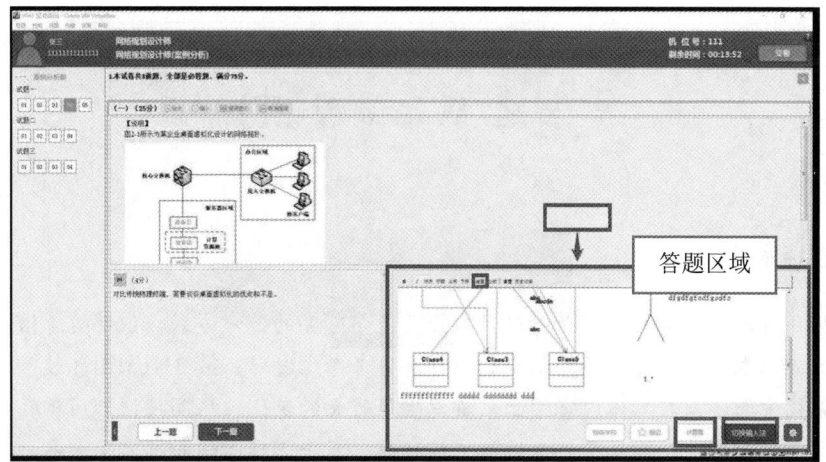

以其中的绘图功能为例,具体界面如下图所示。

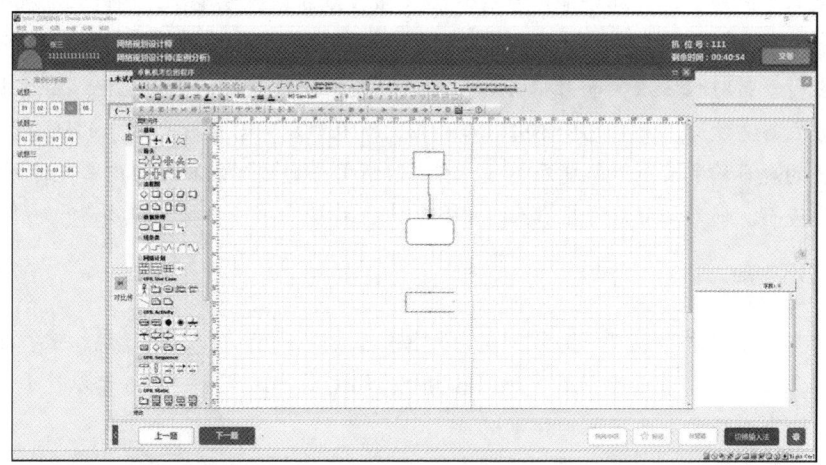

根据机考平台的开放时间,建议报名成功的学员一定要在机考平台上多加练习,熟悉机考的模式,提高打字、画图的熟练度。

本书之 What & Why

为什么选择本书

通过"历年真题"来复习无疑是针对性极强且效率颇高的备考方式,但伴随着信息处理技术员第 3 版考试大纲及教材的发布,各培训机构讲师及备考考生发现,第 3 版教材相较于旧版教材,无论是在内容架构方面还是在具体内容方面,都发生了较大的变化,从而使得"历年真题"不再适用于当前的备考。鉴于此,长期从事软考培训工作的薛大龙老师精心组织编写了本书,以期能够让考生获得高效的备考抓手。

本书各试卷中的题目,一部分是作者结合第 3 版大纲新增或发生变化的内容、机考特点、自身丰富的授课经验全新设计的,另一部分尽管源自历年考试真题,但全部严格根据第 3 版考试大纲及教材的变化进行了针对性修改,而且根据历年考试大数据分析进行了选择优化。因此本书全部题目完全适用于考生备考使用,考生完全不必担心新旧大纲及教材内容变化所带来的疑虑。

本书所有的题目均配有深入解析及答案,本书解析力图通过考点把复习内容延伸到所涉知识面,同时力图以严谨而清晰的讲解让考生真正理解知识点。希望本书能够极大提高考生的备考效率。

本书作者不一般

本书由长期从事软考培训工作的薛大龙老师担任主编,上官绪阳、赵德端、王红担任副主编。第 1 套试卷由王红完成,第 2 套、第 3 套试卷由赵德端完成,第 4 套、第 5 套以及第 6 套试卷由上官绪阳完成,全书由薛大龙确定架构和审核。

薛大龙,全国计算机技术与软件专业技术资格考试辅导教材编委会主任,财政部政府采购评审专家,北京市评标专家,曾多次参与软考的命题与阅卷,作为规则制定者非常熟悉命题要求、命题形式、命题难度、命题深度、命题重点及判卷标准等。

上官绪阳,软考面授及网课讲师,项目管理经验丰富,具有丰富的企业和高校带教经验。精于知识要点及考点的提炼和研究,方法独特,善于运用生活案例传授知识要点,轻松有趣,易于理解,颇受学员推崇和好评。

赵德端,软考新锐讲师,资深工程师,授课学员近十万人次。专业基础扎实,授课思路清晰,擅长提炼总结高频考点,举例通俗易懂,化繁为简。深知考试套路,熟知解题思路。教学风格生动活泼,灵活有趣,擅长运用口诀联系实际进行授课,充满趣味性,深受学员喜爱。

王红,软考面授及网课讲师,PMP、系统集成项目管理工程师,具有丰富的软考和项目管理实战与培训经验,对软考有深刻研究,专业知识扎实,授课方法精妙,经常采用顺口溜记忆法和一些常识启发考生的理解与记忆；风格干净利落，温和中不失激情，极富感染力，深受学员好评。非常熟悉题目要求、题目形式、题目难度、题目深度等，曾在北京、上海、广东、湖北等地进行公开课和企业内训。

致谢

感谢中国水利水电出版社有限公司综合出版事业部副主任周春元编辑在本书的策划、选题申报、写作大纲的确定以及编辑出版等方面付出的辛勤劳动和智慧，以及他给予我们的很多帮助。

编 者

2024 年 5 月

目 录

机考说明及模拟考试平台
本书之 What & Why
信息处理技术员机考试卷　第 1 套　基础知识卷 ··· 1
信息处理技术员机考试卷　第 1 套　应用技术卷 ··· 8
信息处理技术员机考试卷　第 1 套　基础知识卷参考答案/试题解析 ····················· 12
信息处理技术员机考试卷　第 1 套　应用技术卷参考答案/试题解析 ····················· 22
信息处理技术员机考试卷　第 2 套　基础知识卷 ·· 29
信息处理技术员机考试卷　第 2 套　应用技术卷 ·· 36
信息处理技术员机考试卷　第 2 套　基础知识卷参考答案/试题解析 ····················· 39
信息处理技术员机考试卷　第 2 套　应用技术卷参考答案/试题解析 ····················· 47
信息处理技术员机考试卷　第 3 套　基础知识卷 ·· 52
信息处理技术员机考试卷　第 3 套　应用技术卷 ·· 59
信息处理技术员机考试卷　第 3 套　基础知识卷参考答案/试题解析 ····················· 62
信息处理技术员机考试卷　第 3 套　应用技术卷参考答案/试题解析 ····················· 70
信息处理技术员机考试卷　第 4 套　基础知识卷 ·· 75
信息处理技术员机考试卷　第 4 套　应用技术卷 ·· 83
信息处理技术员机考试卷　第 4 套　基础知识卷参考答案/试题解析 ····················· 87
信息处理技术员机考试卷　第 4 套　应用技术卷参考答案/试题解析 ····················· 94
信息处理技术员机考试卷　第 5 套　基础知识卷 ·· 108
信息处理技术员机考试卷　第 5 套　应用技术卷 ·· 117
信息处理技术员机考试卷　第 5 套　基础知识卷参考答案/试题解析 ··················· 121
信息处理技术员机考试卷　第 5 套　应用技术卷参考答案/试题解析 ··················· 127
信息处理技术员模考卷　第 6 套　基础知识卷 ··· 137
信息处理技术员模考卷　第 6 套　应用技术卷 ··· 144
信息处理技术员模考卷　第 6 套　基础知识卷参考答案/试题解析 ······················ 148
信息处理技术员模考卷　第 6 套　应用技术卷参考答案/试题解析 ······················ 155

信息处理技术员机考试卷 第1套
基础知识卷

- 以下 __(1)__ 不属于信息的表现形式。
  (1) A．手势　　　　　B．文字　　　　　C．图片　　　　　D．载体
- 关于信息的描述，不正确的是 __(2)__ 。
  (2) A．信息不是事物本身，是表示事物之间联系的消息、情报、指令、数据或信号
  　　B．信息是人类认识世界和改造世界的知识源泉
  　　C．信息资源极其丰富，人人可以各取所需，信息资源得到充分利用
  　　D．信息是多种多样、多方面、多层次的
- 下列关于信息的特性的描述，不正确的是 __(3)__ 。
  (3) A．只要有事物的地方，就必然存在信息
  　　B．同一信息可以在同一时间被多个主体共有，而且能够无限复制、传递，这指的是信息具有传递性
  　　C．客观事实的信息不可能全部得到，所以要根据需要和可能来获取信息
  　　D．可以通过感觉器官和科学仪器等方式来获取、整理和认知信息
- 根据信息的 __(4)__ ，可把信息分为语法信息、语义信息和语用信息。
  (4) A．性质　　　　　B．地位　　　　　C．内容　　　　　D．价值
- 以下 __(5)__ 反映了数据远离中心的离散系数。
  (5) A．平均值　　　　B．中位数　　　　C．标准差　　　　D．众数
- 下表为某公司各销售人员去年以及今年为公司创造的业绩：

	甲	乙	丙	丁
去年业绩/万元	525	610	506	390
今年业绩/万元	600	750	695	620

　　根据上表，所有员工中，业绩进步最快的是 __(6)__ 。
  (6) A．甲　　　　　　B．乙　　　　　　C．丙　　　　　　D．丁
- 从10位同学中选派2位去参加活动，有 __(7)__ 种不同的选法。
  (7) A．36　　　　　　B．252　　　　　　C．45　　　　　　D．120
- 从6位同学中抽取2位同学去参加考试，1人在甲学校，1人在乙学校，共有 __(8)__ 种安排方法。
  (8) A．15　　　　　　B．30　　　　　　C．35　　　　　　D．75

- 已知6位同学要从A、B、C三门课程中选修1门，那么正好有2人选修A课程的选法共有__(9)__种。

  (9) A. 15　　　　　　B. 30　　　　　　C. 45　　　　　　D. 60

- 数字256000000000用科学计数法表示为__(10)__。

  (10) A. 256×10^9　　B. 25.6×10^e　　C. 2.56×10^11　　D. 0.256×e^12

- 为了解某学校大二年级200名学生的身高情况，从中抽取了50名学生进行测量，这50名学生的身高是__(11)__。

  (11) A. 总体　　　　B. 个体　　　　C. 样本　　　　D. 样本容量

- 信息处理是人们对已有的信息进行分类、加工、提取、__(12)__和思考的过程。

  (12) A. 检索　　　　B. 分析　　　　C. 存储　　　　D. 传递

- __(13)__是将信息按照一定的顺序和方法进行分类、编码、存储、处理和传送的过程。

  (13) A. 信息收集　　B. 信息加工　　C. 信息传递　　D. 信息存储

- 以下__(14)__不属于信息处理的要求。

  (14) A. 及时性　　　B. 准确性　　　C. 适用性　　　D. 完整性

- 在信息处理的过程中，使用时间相对较长、成本较高的是__(15)__。

  (15) A. 数据收集　　B. 数据整理　　C. 数据加工　　D. 数据存储

- 世界上第一台电子计算机是__(16)__年由约翰·莫克利为军事需要研制的。

  (16) A. 1945　　　　B. 1946　　　　C. 1947　　　　D. 1948

- 计算机要进行数据处理，必须将程序和数据送到内存，转换为计算机能够识别的电信号。这指的是计算机的__(17)__部分。

  (17) A. 控制器　　　B. 存储器　　　C. 输入设备　　D. 输出设备

- 下列属于输出设备的是__(18)__。

  (18) A. 条形码阅读器　B. 鼠标　　　C. 投影仪　　　D. 数码摄像机

- __(19)__是计算机最基本、最重要的部件之一，上面安装了组成计算机的主要电路系统，一般有BIOS芯片、I/O控制芯片等，也会直接影响计算机系统的性能。

  (19) A. 网卡　　　　B. 硬盘驱动器　C. 主板　　　　D. 扩展插槽

- 下列选项中，不属于计算机日常维护性操作的是__(20)__。

  (20) A. 不频繁开关机　　　　　　　　　B. 定期清洁计算机
  　　　C. 及时删除临时文件　　　　　　　D. 更换桌面主题

- 与外存储器相比，RAM内存储器的特点是__(21)__。

  (21) A. 存储的信息永不丢失，但存储容量相对较小
  　　　B. 存储信息的速度较快，但存储容量相对较小
  　　　C. 关机后存储的信息将完全丢失，但存储信息的速度不如软盘
  　　　D. 存储的容量很大，没有任何限制

- 关于CPU（中央处理单元）的说法，错误的是__(22)__。

  (22) A. 中央处理单元也称为微处理器，是计算机的硬件核心
  　　　B. CPU主频用来表示CPU的运算速度

C．CPU 可同时处理的数据位数越多，结构就越简单

D．CPU 的字长与寄存器长度及数据总线的宽度都有关系

- 以下关于随机存储器 RAM 的说法，不正确的是 __(23)__ 。

    （23）A．随机存储器允许任意顺序访问其存储单元

    B．RAM 又分为 SRAM（静态存储器）和 DRAM（动态存储器）

    C．SRAM 一般在计算机中作为主存储器

    D．DRAM 集成度高，功能耗损也低

- __(24)__ 是内存的后备存储器，存取速度快，存储容量大。

    （24）A．只读存储器（ROM）　　　　　　B．高速缓冲存储器

    C．硬盘存储器　　　　　　　　　　D．光盘存储器

- 以下选项不属于外存的是 __(25)__ 。

    （25）A．磁带存储器　　　　　　　　　　B．光盘存储器

    C．随机存储器（RAM）　　　　　　D．磁盘存储器

- 根据材料的不同，显示器可分为多种，其中 LCD 指的是 __(26)__ 。

    （26）A．阴极射线管显示器　　　　　　　B．等离子显示器（PDP）

    C．液晶显示器　　　　　　　　　　D．发光二极管

- 与针式打印机相比，激光打印机的特点不包括 __(27)__ 。

    （27）A．打印速度快　　B．打印质量高　　C．价格便宜　　D．打印噪声低

- __(28)__ 是一种用途广泛的系统软件，通常包括与硬件相关的底层驱动软件、系统内核、设备驱动接口、通信协议、图形界面、标准化浏览器等。

    （28）A．分布式操作系统　　　　　　　　B．嵌入式操作系统

    C．网络操作系统　　　　　　　　　D．实时操作系统

- __(29)__ 将 CPU 的时间划分成若干片段，称为时间片。用户交互式地向系统提出命令请求，接受每个用户的命令，采用时间片轮转方式处理服务请求，并通过交互方式在终端向用户显示结果。

    （29）A．批处理操作系统　　　　　　　　B．分时操作系统

    C．实时操作系统　　　　　　　　　D．网络操作系统

- 下列关于实时操作系统的说法，不正确的是 __(30)__ 。

    （30）A．对外部请求在严格时间范围内做出反应

    B．有高可靠性和完整性

    C．可有效增加资源的使用率

    D．是控制所有实时设备和实时任务协调一致地工作的操作系统

- 下列关于分布式操作系统的说法，不正确的是 __(31)__ 。

    （31）A．可以获得极高的运算能力及广泛的数据共享

    B．它保持了网络操作系统的全部功能，而且还具有透明性、可靠性和高性能

    C．用于管理分布在不同地理位置的计算机，知道计算机的确切地址

    D．分布式操作系统负责整个的资源分配，能很好地隐藏系统内部的实现细节

- 下列说法错误的是 __(32)__ 。
  - (32) A．批处理操作系统由单道批处理系统和多道批处理系统组成，其主要特点为不需人工干预并可进行批量处理
  - B．分时操作系统的特点是可有效增加资源的使用率
  - C．实时操作系统主要的特点是与网络的硬件相结合来完成网络的通信任务
  - D．网络操作系统的目标是相互通信及资源共享
- 在 Windows 7 中，__(33)__ 快捷键可关闭当前应用程序。
  - (33) A．Ctrl+Esc　　B．Alt+F4　　C．Ctrl+空格　　D．Alt+Tab
- 下列 __(34)__ 不属于 Windows 多窗口的排列方式。
  - (34) A．层叠　　B．嵌套　　C．横向平铺　　D．纵向平铺
- 在 Windows 7 控制面板中，__(35)__ 包含为系统管理员提供的多种工具，包括安全、性能和服务配置。
  - (35) A．程序和功能　　B．管理工具　　C．性能信息和工具　　D．个性化
- 下列 __(36)__ 不属于计算机网络的主要功能。
  - (36) A．数据通信　　　　　　　　B．资源共享
  - C．集中式处理　　　　　　　　D．提高计算机可靠性和可用性
- __(37)__ 是目前最新，也是最热门的一种网络，只要在网络的覆盖范围内，可以在任何一个地方与服务器及其他工作站连接，非常适合机场、酒店、宾馆等。
  - (37) A．局域网　　B．无线局域网　　C．城域网　　D．广域网
- __(38)__ 是实现物联网全面感知的基础，其主要功能是通过传感设备识别物体、采集信息。
  - (38) A．感知层　　B．网络层　　C．应用层　　D．传输层
- 下列网站 __(39)__ 属于政府机构网站。
  - (39) A．www.×××××.com　　　　　　B．www.×××××.gov.cn
  - C．www.×××××.org.cn　　　　　　D．www.×××××.edu.cn
- OSI 七层模型中，__(40)__ 进行分组传输和路由选择。
  - (40) A．物理层　　B．数据链路层　　C．网络层　　D．传输层
- 下列 __(41)__ 不属于云计算的特点。
  - (41) A．虚拟化　　B．高可靠性　　C．及时性　　D．极其廉价
- __(42)__ 提供给消费者的服务是处理能力、存储、网络和其他基本的计算资源，用户能够利用这些计算资源部署和运行任意软件。
  - (42) A．基础设施即服务（IaaS）　　　　B．平台即服务（Paas）
  - C．软件即服务（SaaS）　　　　　　D．网络即服务
- 在 Word 2003 中，录入文字时出现红色波浪线是可能存在 __(43)__ 。
  - (43) A．语法错误　　B．拼写错误　　C．格式错误　　D．网络错误
- 在 Word 中，标尺的作用是 __(44)__ 。
  - (44) A．设置文字大小　　　　　　　　B．查看文字是否对齐
  - C．查看正文的宽度和高度，设置段落等　　D．设置行距

- 关于 Word 文档编辑，以下说法错误的是 （45） 。
  - （45）A．正常插入状态下插入文本只需将光标定位在插入点录入即可
  - B．键盘 Shift+↑可向上选定一行
  - C．在选定栏中单击可选定整个段落
  - D．按下 Ctrl 键不放，单击可以选中一个句子
- 下列关于 Word 2007 操作的叙述中，错误的是 （46） 。
  - （46）A．文档被打开的情况下无法重命名
  - B．关闭文档时，将会提示修改后未保存的文件
  - C．默认扩展名为.doc
  - D．一次性可打开多个文档
- 在 Word 2010 中，若要重复多次使用格式刷，可 （47） 。
  - （47）A．单击格式刷　　B．双击格式刷　　C．右击格式刷　　D．Ctrl+格式刷
- 在 Word 2010 中， （48） 不属于段落对齐方式。
  - （48）A．居中对齐　　B．左对齐　　C．分散对齐　　D．顶端对齐
- 在 Word 文档中， （49） 可以复制所选文本或对象。
  - （49）A．Ctrl+Z　　B．Ctrl+X　　C．Ctrl+C　　D．Ctrl+V
- 关于 Word 2007 表格功能的叙述中，不正确的是 （50） 。
  - （50）A．插入表格时可自由设置行数和列数
  - B．表格输入公式后，若有数值改变，则会自动重新计算结果
  - C．表格可重新拆分或绘制
  - D．可将表格填充颜色
- 在 Word 2010 中，若想查看文档导航窗格，则需要从 （51） 按钮进入。
  - （51）A．页面　　B．审阅　　C．视图　　D．引用
- 对于 Word 中节的叙述，不正确的是 （52） 。
  - （52）A．整篇文档默认为一个节
  - B．可以任意设置节名称
  - C．删除某一节的页码不会影响其他节的页码设置
  - D．可以对不同的节设定不同的页码
- 当打开一个电子表格文件时，每一个电子表格文件都是一个 （53） 。
  - （53）A．单元格　　B．工作表　　C．工作簿　　D．文件夹
- 在 Excel 单元格输入完数据后，按 （54） 键结束。
  - （54）A．Enter　　B．Shift　　C．Ctrl　　D．Alt
- （55） 是电子表格中最小的处理对象。
  - （55）A．工作表　　B．工作簿　　C．单元格　　D．文件夹
- 下列关于 Excel 中数据格式的描述，错误的是 （56） 。
  - （56）A．字符数据由英文字母、汉字、数字、标点、符号等字符排列而成
  - B．逻辑值数据为两个特定的标识符：TRUE 和 FALSE

C．当错误值为"#VALUE!"时，表明此单元格的输入公式中存在着除数为 0 的错误

D．日期时间数据为两种特殊的数字数据，包括日期和时间

- 在 Excel 中，可以用__(57)__进行序列的输入。

   (57) A．复制　　　　　B．公式　　　　　C．填充柄　　　　D．快捷键

- 在 Excel 中，若要同时选择不连续性的单元格，可按住__(58)__键选择下一个单元格或单元区域。

   (58) A．Shift　　　　　B．Ctrl　　　　　C．Alt　　　　　　D．Tab

- 在 Excel 中，若 A1 单元格的值为 5，在 B1 单元格输入函数"=A1–10"，则 B1 单元格的值为__(59)__。

   (59) A．–15　　　　　B．–5　　　　　　C．5　　　　　　　D．15

- 以下关于 Excel 的叙述，不正确的是__(60)__。

   (60) A．选择高级筛选需要在筛选前设置条件

   　　　B．自动筛选不需要对表格进行排序

   　　　C．启用筛选后，系统会自动将不符合条件的删除

   　　　D．筛选下拉按钮可随时取消不显示

- 如果 Excel 中出现多个运算符，那么优先级为__(61)__。

   (61) A．引用运算符>算术运算符>文本运算符>比较运算符

   　　　B．引用运算符>比较运算符>算术运算符>文本运算符

   　　　C．算术运算符>比较运算符>引用运算符>文本运算符

   　　　D．算术运算符>文本运算符>引用运算符>比较运算符

- __(62)__不属于算术运算符。

   (62) A．+　　　　　　B．%　　　　　　C．/　　　　　　　D．>

- 在 Excel 中，运用 rank 函数排名时，第二个参数必须加上__(63)__符号。

   (63) A．相对引用　　　B．绝对引用　　　C．混合引用　　　D．单独引用

- __(64)__不属于幻灯片的视图模式。

   (64) A．普通视图　　　B．阅读视图　　　C．大纲视图　　　D．导航视图

- PowerPoint 演示文档的扩展名为__(65)__。

   (65) A．ppt　　　　　　B．xsl　　　　　　C．doc　　　　　　D．pwt

- 在幻灯片__(66)__中，将以动态方式显示演示文稿的放映效果，预览演示文稿中设置的动画和声音，并能观察每一张幻灯片的切换效果。

   (66) A．普通视图　　　B．阅读视图　　　C．放映视图　　　D．浏览视图

- __(67)__主要包括确保计算机信息系统资源和信息资源不受自然和人为有害因素的威胁和危害。

   (67) A．实体安全　　　　　　　　　　　　B．运行安全

   　　　C．信息资产安全　　　　　　　　　　D．人员安全

- 根据涉密信息等级划分，__(68)__指的是重要的国家秘密，当其泄露时会使国家的安全和利益遭受严重的损害。

   (68) A．绝密　　　　　　B．机密　　　　　C．秘密　　　　　D．保密

- 下列 (69) 不属于计算机病毒的特性。
  (69) A．传播性　　　　B．破坏性　　　　C．可激发性　　　　D．可预见性
- 国家标准有效期一般为 (70) 年。
  (70) A．5　　　　　　B．15　　　　　　C．20　　　　　　　D．25
- ISO/IEC 30173:2023《数字孪生概念和术语》属于 (71) 。
  (71) A．行业标准　　　B．国家标准　　　C．组织标准　　　　D．国际标准
- (72) is the process by which enterprises provide innovative and personalized customer interaction and services to enhance their core competitiveness.
  (72) A．CRM　　　　　B．SCM　　　　　C．ERP　　　　　　D．CAM
- The current big data processing system has the function of intelligent deletion of duplicate data, which does not include (73) .
  (73) A．reducing backup volume　　　　B．reducing storage costs
  　　　C．protecting data security　　　　D．accelerating backup and recovery speed
- 在数据模型中，用树形结构表示实体及其之间的联系的是 (74) 。
  (74) A．层次模型　　　B．网络模型　　　C．关系模型　　　　D．面向对象数据模型
- Access 数据库对象中 (75) 是实际存放数据的地方。
  (75) A．表　　　　　　B．模式　　　　　C．报表　　　　　　D．窗体

信息处理技术员机考试卷　第 1 套
应用技术卷

试题一（Word）

　　春日公园的宁静之美

　　春天是一年四季中最令人期待的季节之一。它带来了温暖的气息，让大地焕发出新的生机。在这个季节里，我最喜欢去公园散步，感受那宁静而美丽的风景。

　　一走进公园，首先映入眼帘的是一片片绿油油的草地。小草从土壤中探出头来，仿佛在向人们展示它们顽强的生命力。在草地上，孩子们尽情地玩耍，踢着足球，追逐着蝴蝶，他们的欢声笑语充满了整个公园。

　　沿着小径漫步，你会看到一片片樱花林。此时的樱花已经盛开，花瓣在春风中轻轻摇曳，仿佛在向人们展示它们优美的舞姿。阳光透过花瓣洒在地面上，形成一片片斑驳的光影，让人感到无比的温馨。

　　公园的每一个角落都充满了生机和活力。在花坛里，各种花卉竞相开放，红的、黄的、紫的，五彩缤纷，美不胜收。树木也抽出了嫩芽，新绿的叶片在阳光的照射下闪闪发光。这里的一切都让人感到无比的舒适和宁静。

【要求】
1. 将文章标题加粗，字号设置为小二，楷体，并居中。
2. 设置正文为黑体、大小为 12 磅、1.5 倍行距。
3. 在正文第三自然段后另起一行录入如下所示的第四自然段文字：
　　湖边，几只鸭子悠闲地游来游去。湖水清澈见底，波光粼粼，仿佛一面镜子映照着天空和周围的景色。偶尔，一只小鸟掠过湖面，留下一串涟漪。在这里，人们可以静静地欣赏湖水的宁静，感受大自然的美妙。
4. 将页边距设置为：上、下各 2 厘米，左、右各 2.5 厘米，装订线为左 0.5 厘米，纸张大小为 A4。
5. 将正文内容分为两栏，并设置分隔线。

试题二（Word）

　　在 Word 里插入如下表格，并按照题目要求完成操作。

7月份各汽车品牌销量			
	轿车	SUV	总计
A品牌	2686	6398	
B品牌	2366	3815	
C品牌	1037	3068	
D品牌	5697	7219	
E品牌	6179	6538	

【要求】

1．将表格标题文字"7月份各汽车品牌销量"合并居中，设置字体为宋体，字号为四号，其余表格内的文字设置为楷体，字号为小四，垂直居中并水平居中。

2．利用函数计算各品牌的总计销量。

3．将第2～7行单元格的列宽设置为2.5厘米，行高为1厘米。

4．将第一行标题行的底纹颜色设置为标准色浅蓝。

试题三（Excel）

在 sheet1 工作表的 A1:G12 范围内创建下表所示的成绩表。

	A	B	C	D	E	F	G
1	姓名	性别	语文	数学	英语	总分	排名
2	季小轩	男	85	89	78		
3	董龙	男	78	90	86		
4	付丽丽	女	89	87	90		
5	王绍川	男	87	43	76		
6	赵乐乐	女	67	78	76		
7	李明	女	56	71	70		
8	张伟	男	63	65	54		
9	刘辉	男	78	61	65		
10	张悦	女	61	59	42		
11	总分						
12	平均分						

【要求】

1．绘制如图所示的表格，表格要有可视边框。

2．标题行文字设置为楷体，加粗，字号16，居中。其余文字设置为宋体，字号11，居中。

3．分别计算每位同学的总分，以及各科目的总分和各科目的平均分，计算结果保留两位。

4．计算各位同学的排名。

试题四（Excel）

在 sheet1 工作表的 A1:E15 范围内创建下表所示的工资表内容，并按要求完成操作。

【要求】

1．绘制表格并填入内容，表格要有可视边框，字体设置为宋体，大小为18磅，居中。

2．用 SUM 函数计算应发工资，计算结果保留两位小数。

3. 用 COUNTIF 函数计算基本工资大于 3000 元的人数。

4. 用 AVERAGE 函数计算应发工资的平均数，计算结果保留两位小数。

5. 用 COUNTIF 和 COUNT 函数计算提成大于 5000 元的人数占总人数的比例，计算结果保留两位小数。

	A	B	C	D	E
1			某企业工资情况表		
2	部门	员工姓名	基本工资/元	提成/元	应发工资/元
3	市场部	刘富豪		5231.2	6919
4	市场部	蒋广尊		3168.3	6889
5	市场部	季宏宇		3871	5336
6	技术部	孙文政		2819	3220
7	技术部	闫召峰		3688	3990
8	技术部	刘倩		5163.5	6100
9	技术部	王宇		5001.7	6139
10	技术部	刘建国		3697	5079
11	财务部	张丽		2031	3991
12	财务部	赵文文		2813.5	3785
13			基本工资大于3000元的人数		
14			应发工资的平均数		
15			提成大于5000元的人数占总人数的比例		

试题五（PowerPoint）

用 PowerPoint 创作演示文稿，并按照要求完成操作。

互联网的作用和影响

互联网在现代社会中扮演着非常重要的角色，它极大地改变了人们的生活方式和工作方式。人们可以通过社交媒体、博客、论坛等途径分享和传播信息；商家可以通过互联网推销产品，建立品牌形象，进行市场调研和数据分析；互联网也为学生和教师提供了在线课堂、教育平台等交流和互动的途径；人们还可以在网上购物、订餐、预订旅行、听音乐、看电影等，享受各种娱乐活动，同时，互联网也使得支付更加方便，通过支付宝、微信支付等方式实现线上支付。

【要求】

1. 在幻灯片第一页插入标题"互联网的作用和影响"，字体为微软雅黑，大小为 60 磅，加粗。
2. 新建内容页，插入文本，字体设置为宋体，大小为 28 磅。
3. 设置第二页幻灯片切换效果为"淡出"。
4. 在页脚插入日期和时间，设置为自动更新，应用于全部。

试题六（PowerPoint）

用 PowerPoint 创作演示文稿，并按照要求完成操作。

大数据（Big Data）是以容量大、类型多、存取速度快、应用价值高为主要特征的数据集合。最早应用于 IT 行业，目前正快速发展为对数量巨大、来源分散、格式多样的数据进行采集、存储和关联分析，从中发现新知识、创造新价值、提升新能力的新一代信息技术和服务业态。大数据必须采用分布式架构，对海量数据进行分布式数据挖掘，因此必须依托云计算的分布式处理、分布式数据库和云存储、虚拟化技术。

大数据时代的来临带来无数的机遇，但是与此同时个人或机构的隐私权也极有可能受到冲击，大数据包含各种个人信息数据，现有的隐私保护法律或政策无力解决这些新出现的问题。有人提出，大数据时代，个人是否拥有"被遗忘权"，被遗忘权即是否有权力要求数据商不保留自己的某些信息，大数据时代的信息为某些互联网巨头所控制，但是数据商收集任何数据未必都获得用户的许可，其对数据的控制权不具有合法性。

【要求】

1．新建两张幻灯片，幻灯片大小设置为全屏显示 4:3，幻灯片方向为横向，宽度为 25.4 厘米，高度为 19.05 厘米。

2．在第一页插入标题"大数据的发展与机遇"，字体格式设置为：宋体、44 号、加粗、红色。

3．将标题的水平和垂直位置设置为：水平自左上角 1.9 厘米，垂直自左上角 1.5 厘米。

4．将素材中第一段文字内容"大数据……虚拟化技术"录入第一页幻灯片中作为正文，并将格式设置为：字体为华文中宋、18 号，首行文字缩进 2 个汉字，行间距设置为 2 倍间距，将最后一句话"大数据……虚拟化技术"设置为加粗、红色、下划线，并将文本框整体位置设置为幻灯片恰当的位置，使整体界面整齐。

5．录入第二段文字作为第二张幻灯片正文内容，格式设置为：字体为华文中宋、18 号，首行文字缩进 2 个汉字，行间距设置为 2 倍间距，将正文区域背景设置为橙色，并为文本框添加 2 磅的红色实线边框。

6．将第一张幻灯片的切换效果设置为"溶解"。

信息处理技术员机考试卷 第1套
基础知识卷参考答案/试题解析

（1）**参考答案**：D

试题解析 载体不是信息而是承载信息的媒介。

（2）**参考答案**：C

试题解析 现实中很多信息都不能甚至不可能得到充分利用。

（3）**参考答案**：B

试题解析 信息的主要特性见下表。

特性	描述
普遍性	只要有事物的地方，就必然存在信息
客观性	信息是客观现实的反映，不随人的主观意识而改变
识别性	可以通过感觉器官和科学仪器等方式来获取、整理和认知信息
动态性	事物是在不断变化发展的，信息也会随之运动变化
时效性	特定信息的使用价值必然会随着时间的流逝而衰减
传递性	信息可以通过媒介在人与人、人与物、物与物之间传递
共享性	同一信息可以在同一时间被多个主体共有，而且能够无限复制、传递
价值性	可以挖掘并利用信息中蕴含的价值，信息是一种资源
不完全性	客观事实的信息不可能全部得到，所以要根据需要和可能来获取信息

（4）**参考答案**：A

试题解析 按性质，信息可分为语法信息、语义信息和语用信息；按地位，信息可分为客观信息和主观信息；按作用，信息可分为有用信息、无用信息和干扰信息；按应用部门，信息可分为工业信息、农业信息、军事信息、政治信息、科技信息、文化信息、经济信息、市场信息和管理信息等；按携带信息的信号性质，信息可分为连续信息、离散信息和半连续信息等。

（5）**参考答案**：C

试题解析 平均数是表示一组数据集中趋势的量数。中位数是将一组数据按大小顺序依次排列，处在最中间位置的数。标准差是方差的算术平方根，能反映一个数据集的离散程度。众数是在统计分布上具有明显集中趋势点的数值，代表数据的一般水平。

（6）**参考答案**：D

试题解析 增长率=(本阶段数据–上阶段数据)/上阶段数据。

甲的增长率为(600–525)/525=14.2%；乙的增长率为(750–610)/610=22.9%；丙的增长率为(695–506)/506=37.3%；丁的增长率为(620–390)/390=58.9%。

（7）参考答案：C

试题解析　由题意可知，C_{10}^2=9+8+⋯+1=9×(9+1)/2=45。

在总体中选择一定数量个体的选法计算的通用公式为：$C_n^m = \dfrac{n!}{m!(n-m)!}$。

（8）参考答案：B

试题解析　从 6 位同学中选 2 位同学的选法共有 C_6^2=5+4+⋯+1=5×(5+1)/2=15，而每选出的 2 位同学都可以有 2 种安排（1 人在甲校，另 1 人在乙校），因此总共有 15×2=30 种安排方法。此题考查排列组合知识，运用公式 $A(m,n)=\dfrac{n!}{(n-m)!}$ 代入也很简单。

（9）参考答案：D

试题解析　正好有 2 人选修 A 课程的选法有 $C_n^m = \dfrac{n!}{m!(n-m)!} = C_6^2$ =15 种，每人余下的 2 门课有 2 种选法，因此总共的选法为 C_6^2 ×2×2=60 种。

（10）参考答案：C

试题解析　科学计数法是把一个数表示成 a 与 10 的 n 次幂相乘的形式（1≤|a|<10，a 不为分数形式，n 为整数）。

（11）参考答案：C

试题解析　总体指调查对象的全体，在本题中某学校大二年级 200 名学生的身高情况为总体；个体为总体中每一个考察对象，在本题中大二年级的每名学生的身高为个体；样本指的是总体中所抽取的一部分个体及其测量值，在本题中抽取的 50 名学生的身高为样本；样本容量是样本中个体的数目，在本题中 50 为样本容量。

（12）参考答案：B

试题解析　信息处理是人们对已有信息进行分类、加工、提取、分析和思考的过程。

（13）参考答案：B

试题解析　信息加工指将收集到的信息按照一定的顺序和方法进行分类、编码、存储、处理和传送的过程。信息加工的主要内容是：信息的清洗和整理，信息的筛选和判别，信息的分类和排序，信息的分析和研究，信息的编制。

（14）参考答案：D

试题解析　信息处理的要求包括及时、准确、适用、经济、安全。

（15）参考答案：A

试题解析　原始数据较为分散，容易有差错，收集起来需要大量的时间，如问卷调查、走访、查阅文献资料等。

（16）参考答案：B

试题解析　世界上第一台电子计算机是 1946 年由美国宾州大学的约翰·莫克利（John

Mauchly）等人为军事需要研制的。该机器共有 18000 多个电子管，占地面积 167m²，重约 30t，功率 150kW，字长 12 位，每秒可执行 5000 次加法运算。

（17）**参考答案**：C

🖋**试题解析**　计算机的硬件系统由五个基本部分组成：运算器、控制器、存储器、输入设备和输出设备。计算机要进行数据处理，必须将程序和数据送到内存，转换为计算机能够识别的电信号，这样的设备称为输入设备。

（18）**参考答案**：C

🖋**试题解析**　输出设备的功能是将计算机内部二进制形式的信息转换成人们所需要的或其他设备所能接受和识别的信息形式。常见的输出设备有显示器、打印机、绘图仪、音箱等，投影仪与显示器一样都是输出设备。

（19）**参考答案**：C

🖋**试题解析**　计算机中，CPU 模块、内存条等都插在主板上，主板上还有系统总线和扩展槽等。硬盘驱动器和光驱等都与主板相连，主板是微机最基本、最重要的部件之一，其性能影响着整个微机系统的性能。主板一般为矩形电路板，上面安装了组成计算机的主要电路系统，一般有 BIOS 芯片、I/O 控制芯片、键和面板控制开关接口、指示灯插接件、扩充插槽、主板及插卡的直流电源供电接插件等元件。

（20）**参考答案**：D

🖋**试题解析**　本题考查计算机基础知识。更换 Windows 的桌面主题属于个性化设置，不属于日常维护性操作。

（21）**参考答案**：B

🖋**试题解析**　RAM 既能读又能写，用于暂时存放数据和程序。通常所说的内存就是指 RAM。RAM 的特点是速度快、容量相对较小（相对于普通的外存）、断电后数据丢失。

（22）**参考答案**：C

🖋**试题解析**　CPU 可同时处理的数据位数越多，功能就越强，但 CPU 的结构也就越复杂，因此选项 C 说法不正确。

（23）**参考答案**：C

🖋**试题解析**　内存采用随机存取存储器（Random Access Memory，RAM），它是可读写的易失性存储器（断电后信息不能保存），它允许以任意顺序访问其存储单元。RAM 又分为 SRAM（静态存储器）和 DRAM（动态存储器），SRAM 的特点是工作速度快，只要电源不撤除，写入 SRAM 的信息就不会消失，不需要刷新电路，但集成度较低，功耗较大，一般用作缓存；DRAM 利用场效应管的栅极对其衬底间的分布电容来保存信息，集成度较高，功耗较低，但缺点是保存在 DRAM 中的信息需要定时刷新，因此，采用 DRAM 的计算机必须配置动态刷新电路，防止信息丢失，DRAM 一般用作主存。

（24）**参考答案**：C

🖋**试题解析**　硬盘存储器简称硬盘（Hard Disk），是内存的后备存储器。它有很多优点，如存取速度比软件及光盘快，存储容量比内存大，非破坏性读写记录介质可以重复使用，易于脱机保存等。

（25）**参考答案**：C

基础知识卷参考答案/试题解析　第1套

💬**试题解析**　随机存储器（RAM）属于内存储器。

（26）**参考答案**：C

💬**试题解析**　根据制造材料的不同，显示器可分为阴极射线管显示器（CRT）、等离子显示器（PDP）、液晶显示器（LCD）等。

（27）**参考答案**：C

💬**试题解析**　与针式及喷墨打印机相比，激光打印机一般价格比较高。

（28）**参考答案**：B

💬**试题解析**　嵌入式操作系统是一种用途广泛的系统软件，通常包括与硬件相关的底层驱动软件、系统内核、设备驱动接口、通信协议、图形界面、标准化浏览器等。嵌入式操作系统负责嵌入式系统的全部软、硬件资源的分配，任务调度，控制、协调并发活动。

（29）**参考答案**：B

💬**试题解析**　分时操作系统将 CPU 的时间划分成若干片段，称为时间片。用户交互式地向系统提出命令请求，分时操作系统接受每个用户的命令，采用时间片轮转方式处理服务请求，并通过交互方式在终端上向用户显示结果。分时操作系统可有效增加资源的使用率。

（30）**参考答案**：C

💬**试题解析**　分时操作系统而不是实时操作系统可有效增加资源的使用率。

（31）**参考答案**：C

💬**试题解析**　分布式操作系统是为分布计算系统配置的操作系统。大量的计算机通过网络被连接在一起，可以获得极高的运算能力及广泛的数据共享。分布式操作系统是网络操作系统的更高形式，它保持了网络操作系统的全部功能，而且还具有透明性、可靠性和高性能等。网络操作系统和分布式操作系统虽然都用于管理分布在不同地理位置的计算机，但最大的差别是网络操作系统知道确切的网址，而分布式系统则不知道计算机的确切地址，分布式操作系统负责整个的资源分配，能很好地隐藏系统内部的实现细节，如对象的物理位置等。这些都是对用户透明的。

（32）**参考答案**：C

💬**试题解析**　实时操作系统对资源的分配和调度首先要考虑的是实时性，而后才是效率，与网络的硬件相结合来完成网络的通信任务是网络操作系统的特点。

（33）**参考答案**：B

💬**试题解析**　Alt+F4 可关闭当前应用程序。

（34）**参考答案**：B

💬**试题解析**　Windows 7 提供了 3 种排列方式：层叠方式、横向平铺方式、纵向平铺方式。

（35）**参考答案**：B

💬**试题解析**　控制面板中的管理工具包含为系统管理员提供的多种工具，包括安全、性能和服务配置。

（36）**参考答案**：C

💬**试题解析**　计算机网络是计算机技术和通信技术相结合的产物，计算机网络的主要功能有数据通信、资源共享、提高计算机可靠性和可用性、分布式处理。

（37）**参考答案**：B

🖋试题解析　无线局域网（Wireless Local Area Network，WLAN）是目前热门的一种局域网。它最大的特点是可自由连接，只要在网络的覆盖范围内，可以在任何一个地方与服务器及其他工作站连接，而不需要重新敷设电缆，非常适合移动办公族。在机场、酒店、宾馆等地点，只要无线网络能够覆盖，就可以随时随地连接上无线网络。无线局域网内的设备联网需要无线路由器，在无线信号覆盖的有效范围都可以采用WiFi连接方式进行联网，如果无线路由器连接了一条ADSL线路或者别的上网线路，则又被称为热点。

（38）参考答案：A

🖋试题解析　一般将物联网的结构分为感知层、网络层、应用层三个层次。感知层是实现物联网全面感知的基础，主要功能是通过传感设备识别物体，采集信息。网络层是服务于物联网信息汇聚、传输和初步处理的网络设备和平台，负责对传感器采集的信息进行安全无误地传输，并对收集到的信息进行分析处理，而且将结果提供给应用层。应用层主要解决信息处理和人机界面问题，即输入/输出控制终端，如手机、智能家电的控制器等，主要通过数据处理及解决方案来提供人们所需要的信息服务。应用层直接接触用户，为用户提供丰富的服务功能，用户通过智能终端在应用层定制需要的服务信息，如查询信息、监控信息、控制信息等。

（39）参考答案：B

🖋试题解析　本题考查计算机系统基础知识。www.×××××.gov.cn 中 www 是网络名，×××××是主机名，gov 是该域名的后缀（代表这是一个政府机构），cn 是最高域名（代表中国）。一般的后缀名 com 表示商业机构，org 表示非营利组织，edu 表示教育机构。

（40）参考答案：C

🖋试题解析　OSI 七层模型中各层的主要功能及使用的主要设备和协议见下表。

层次	名称	主要功能	主要设备及协议
七	应用层	实现具体的应用功能	POP3、FTP、HTTP、Telnet、SMTP、DHCP、TFTP、SNMP、DNS
六	表示层	数据的格式与表达、加密、压缩	
五	会话层	建立、管理和终止会话	
四	传输层	端到端的连接	TCP、UDP
三	网络层	分组传输和路由选择	三层交换机、路由器；ARP、RARP、IP、ICMP、IGMP
二	数据链路层	传送以帧为单位的信息	网桥、交换机、网卡；PPTP、L2TP、SLIP、PPP
一	物理层	二进制传输	中继器、集线器

（41）参考答案：C

🖋试题解析　云计算的特点是：超大规模、虚拟化、高可靠性、通用性、高可伸缩性、按需服务、极其廉价。

（42）参考答案：A

🖋试题解析　基础设施即服务（IaaS）提供给消费者的服务是处理能力、存储、网络和其他基本的计算资源，用户能够利用这些计算资源部署和运行任意软件，包括操作系统和应用程序。平台即服务（PaaS）提供给消费者的服务是把客户用平台所支持的开发语言和工具（如 Java、Python、.Net 等）开发或者购买的应用程序部署到供应商的云计算基础设施上。软件即服务（SaaS）提供给消费者的服务是运营商运行在云计算基础设施上的应用程序，消费者可以在各种设备上通过瘦客户端界面访问，如浏览器（例如基于 Web 的邮件）。

（43）**参考答案**：B

试题解析 本题考查文字处理基础知识。我们在录入文字时不免存在输入错误或者写文章时存在错字、语法错误等，默认情况下，Word 会在输入时进行拼写和语法检查。红色波浪线表示可能存在拼写错误；绿色波浪线表示可能存在语法问题。

（44）**参考答案**：C

试题解析 在"视图"菜单选项中提供了标尺的显示。标尺分为水平标尺和垂直标尺，使用它可以查看正文的宽度和高度，还可以通过标尺设置段落的缩进、左右页边距、制表位和栏宽。

（45）**参考答案**：C

试题解析 将鼠标移动到要选定段落，在选定栏中快速双击即可选定整个段落，故 C 项表述不正确。

（46）**参考答案**：C

试题解析 本题考查 Word 基础知识。Word 2007 之前的默认扩展名是.doc，Word 2007 及之后的默认扩展名是.docx。

（47）**参考答案**：B

试题解析 单击格式刷只可使用一次，使用后会自动取消使用状态。双击格式刷可多次使用，但使用完后，必须再次单击格式刷或按下 Esc 键来关闭格式刷。

（48）**参考答案**：D

试题解析 段落的对齐方式有 5 种：左对齐、右对齐、居中对齐、两端对齐和分散对齐。

（49）**参考答案**：C

试题解析 Ctrl+Z 是撤销上一步；Ctrl+X 是剪切选定文本或对象；Ctrl+C 是复制选定文本或对象；Ctrl+V 是粘贴选定文本或对象。

（50）**参考答案**：B

试题解析 在 Word 中处理计算问题比较复杂，一般不用 Word 表格进行计算。Word 2007 表格不会重新计算结果。

（51）**参考答案**：C

试题解析 本题考查 Word 的基础知识。若要查看导航窗格，则需从"视图"→"导航窗格"进入。

（52）**参考答案**：D

试题解析 本题考查 Word 的基础知识。在新建文档时，Word 将整篇文档视为一节，为了便于对文档进行格式化，可以将文档分割成任意数量的节，节可小至一个段落，大至整篇文档，分节后可以对每节进行页码设置，除非删除节的页码是单独计数，否则删除一个节会影响其他节的页码。

（53）参考答案：C

📖试题解析 每一个电子表格文件都是一个工作簿，一个工作簿中可以有多个工作表（Sheet）。

（54）参考答案：A

📖试题解析 在 Excel 单元格中输入数据时，选定要录入数据的单元格后可从键盘上输入数据，按 Enter 键可结束该单元格的输入。

（55）参考答案：C

📖试题解析 单元格是电子表格中最小的处理对象，比如单元格内有一串字符，我们不能对该字符串中的某个字母更改颜色或大小。

（56）参考答案：C

📖试题解析 错误值是因为单元格输入或编辑数据错误而由系统自动显示的结果，当错误值为"#DIV/0!"时，表明此单元格的输入公式中存在着除数为 0 的错误；当错误值为"#VALUE!"时，表明此单元格的输入公式中存在着数据类型错误。

（57）参考答案：C

📖试题解析 若在单元格内进行序列输入，可将鼠标放置单元格右下角，待填充柄出现后进行拖移即可。

（58）参考答案：B

📖试题解析 按住 Ctrl 键可同时选择不连续的单元格或者单元格区域。

（59）参考答案：B

📖试题解析 "=A1–10"的含义是计算 A1 单元格中的值减去 10 后的结果，5–10=–5。

（60）参考答案：C

📖试题解析 筛选是 Excel 中常用的操作之一，它可以让某些不需要的内容隐藏起来，以方便查看，而不是自动删除。筛选操作不会破坏原始数据。

（61）参考答案：A

📖试题解析 如果在公式中同时使用多种运算符，优先级为：引用运算符>算术运算符>文本运算符>比较运算符。若要改变优先顺序，可使用圆括号。

（62）参考答案：D

📖试题解析 Excel 中的运算符、分类、含义、示例见下表。

类型	运算符	含义	示例
算术运算符	+	加	5+2.3
	–	减	B2–C2
	*	乘	3*A1
	/	除	A1/5
	%	百分比	30%
	^	乘方	5^2

续表

类型	运算符	含义	示例
比较运算符	=	等于	(A1+B1)=C1
	>	大于	A1>B1
	<	小于	A1<B1
	>=	大于等于	A1>=B1
	<=	小于等于	A1<=B1
	<>	不等于	A1<>B1
文本运算符	&	连接两个或多个字符串	"古城"&"西安"得到"古城西安"
引用运算符	:	区域运算符，对两个引用之间（包括两个引用）的所有单元格进行引用	A1:A10
	,	联合运算符，将多个引用合并为一个引用	SUM(A1:A10,B2:B10)
	空格	交叉运算符，产生对同时隶属于两个引用的单元格区域的引用	SUM(E1:E12,A8:H8) E8 同时隶属于两个区域

（63）**参考答案**：B

试题解析 RANK 函数的原理是把单个值（第一个参数）与该列所有值（第二个参数）进行比较，以确定该单个值在所有值中的排名，因此在这个过程中，所有值的范围不能变化，因此需加绝对引用符号。

（64）**参考答案**：D

试题解析 幻灯片视图功能主体上分为演示文稿视图和母版视图两类。演示文稿视图又包括普通视图、大纲视图、幻灯片浏览视图、阅读视图和备注页视图。母版视图包括幻灯片母版视图、讲义母版视图和备注母版视图。

（65）**参考答案**：A

试题解析 根据 PowerPoint 版本或文档类型的不同，演示文档的扩展名有.ppt、.pptx、.pptm 等。

（66）**参考答案**：B

试题解析 阅读视图将以动态方式显示演示文稿的放映效果，预览演示文稿中设置的动画和声音，并能观察每一张幻灯片的切换效果。在其他视图模式下单击阅读视图按钮切换到阅读视图。

（67）**参考答案**：C

试题解析 实体安全主要包括环境安全、设备安全和媒体安全，它用来保证硬件和软件本身的安全，是防止对信息威胁和攻击的基础。运行安全主要包括备份与恢复、病毒的检测与消除、电磁兼容等，用来保证计算机能在良好的环境里持续工作。信息资产安全主要是确保计算机信息系统资源和信息资源不受自然和人为有害因素的威胁和危害。人员安全主要包括人的基本安全素质（安全知识、安全技能、安全意识等）和人的深层安全素质（情感、认知、伦理、道德、良心、意志、安全观念、安全态度等）。

(68) **参考答案**：B

试题解析　根据《中华人民共和国保守国家秘密法》将涉密信息等级分为绝密、机密和秘密三级。绝密是最重要的国家秘密，泄露会使国家的安全和利益遭受特别严重的损害。机密是重要的国家秘密，泄露会使国家的安全和利益遭受严重的损害。秘密是一般的国家秘密，泄露会使国家的安全和利益遭受损害。

(69) **参考答案**：D

试题解析　计算机病毒是一种计算机程序，与一般程序相比，具有以下 5 个主要特点：传播性、隐蔽性、潜伏性、可激发性、破坏性。

(70) **参考答案**：A

试题解析　国家标准有效期一般为 5 年，ISO 标准每 5 年复审一次。

(71) **参考答案**：D

试题解析　ISO 表示国际标准化组织，以 ISO 开始编号的标准属于国际标准。

(72) **参考答案**：A

参考译文　__(72)__ 是企业为提高核心竞争力所提供的创新及个性化客户交互和服务的过程。

A．客户关系管理（CRM）　　　　　B．供应链管理（SCM）
C．企业资源计划（ERP）　　　　　D．计算机辅助制造（CAM）

试题解析　客户关系管理（CRM）是指企业为提高核心竞争力，利用相应的信息技术以及互联网技术协调企业与顾客间在销售、营销和服务上的交互，从而提升其管理方式，向客户提供创新式的个性化的客户交互和服务的过程。其最终目标是吸引新客户，保留老客户以及将已有客户转为忠实客户，增加市场。

供应链管理（SCM）是指为使供应链运作达到最优而针对供应链所进行的所有管理过程，SCM 主要目标包括缩短现金周转时间、降低企业面临的风险、实现盈利增长、提供可预测收入。

企业资源计划（ERP）是指以管理会计为核心的信息系统，将企业内部所有资源整合在一起，对采购、生产、成本、库存、分销、运输、财务、人力资源进行规划，从而达到最佳资源组合，取得最佳效益。

计算机辅助制造（CAM）是指在机械制造业中，利用电子数字计算机通过各种数值控制机床和设备，自动完成工程信息的传输与转化、信息管理、产品加工、装配、检测和包装等制造过程。

(73) **参考答案**：C

参考译文　现在的大数据处理系统具有智能删除重复数据的功能，其作用不包括 __(73)__ 。

A．减少备份量　　　　　　　　　　B．降低存储成本
C．保护数据安全　　　　　　　　　D．加快备份和恢复速度

试题解析　对于动态的大数据处理系统，删除重复数据并不容易，靠人工来做更难做到。

智能删除重复数据软件随之产生。删除重复数据有利于降低存储成本、加快备份和恢复速度、减少备份量，但对保护数据安全作用不大。

（74）**参考答案**：A

试题解析　不同的数据模型具有不同的数据结构形式。层次模型用树型结构表示实体及其之间的联系。网络模型用网状结构表示实体及其之间的联系。关系模型用二维表结构来表示实体及其之间的联系。面向对象数据模型用对象、类型、继承和方法等基本面向对象技术构造的实体及其之间的联系。

（75）**参考答案**：A

试题解析　数据库对象中，表是实际存放数据的地方。

信息处理技术员机考试卷 第 1 套
应用技术卷参考答案/试题解析

试题一（Word）参考答案/试题解析

参考答案

本题的操作结果如图 1-1-1 所示。

春日公园的宁静之美

春天是一年四季中最令人期待的季节之一。它带来了温暖的气息，让大地焕发出新的生机。在这个季节里，我最喜欢去公园散步，感受那宁静而美丽的风景。

一走进公园，首先映入眼帘的是一片片绿油油的草地。小草从土壤中探出头来，仿佛在向人们展示它们顽强的生命力。在草地上，孩子们尽情地玩耍，踢着足球，追逐着蝴蝶，他们的欢声笑语充满了整个公园。

沿着小径漫步，你会看到一片片樱花林。此时的樱花已经盛开，花瓣在春风中轻轻摇曳，仿佛在向人们展示它们优美的舞姿。阳光透过花瓣洒在地面上，形成一片片斑驳的光影，让人感到无比的温馨。

湖边，几只鸭子悠闲地游来游去。湖水清澈见底，波光粼粼，仿佛一面镜子映照着天空和周围的景色。偶尔，一只小鸟掠过湖面，留下一串涟漪。在这里，人们可以静静地欣赏湖水的宁静，感受大自然的美妙。

公园的每一个角落都充满了生机和活力。在花坛里，各种花卉竞相开放，红的、黄的、紫的，五彩缤纷，美不胜收。树木也抽出了嫩芽，新绿的叶片在阳光的照射下闪闪发光。这里的一切都让人感到无比的舒适和宁静。

图 1-1-1

试题解析

1. 选中文章标题，在"开始"菜单中的"字体"工具栏中对标题的字体、字号进行设置，在"段落"工具栏中设置对齐方式为"居中"。

2. 选中正文，在"开始"菜单中的"字体"工具栏中对正文的字体、字号进行设置。然后，通过单击"段落"工具栏右下角的小图标，进入段落设置窗口，把行距设置为 1.5 倍，如图 1-1-2 所示。

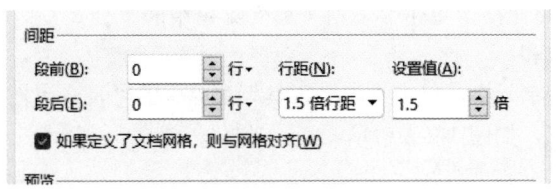

图 1-1-2

3. 把光标定位在第三自然段最后并按 Enter 键，然后输入所要求的文字。

4. 单击"布局"菜单中的"页面设置"工具栏组右下角的箭头图标，打开"页面设置"对话框，按题目要求进行页边距设置，如图 1-1-3 所示。

5. 在"页面设置"对话框中的"分栏"选项组中，按题目要求设置分栏，如图 1-1-4 所示。

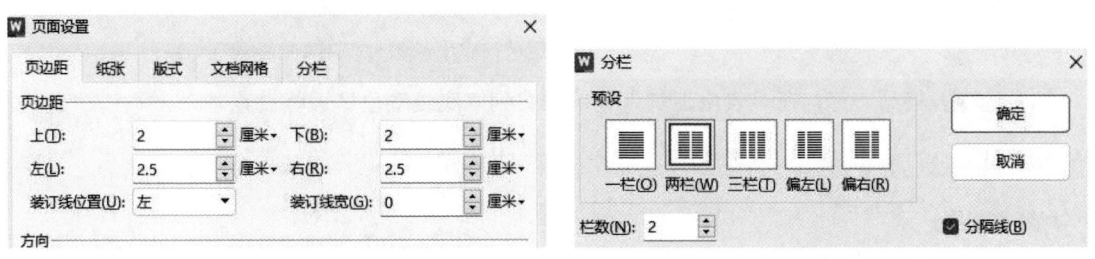

图 1-1-3　　　　　　　　　　　　图 1-1-4

试题二（Word）参考答案/试题解析

参考答案

本题的操作结果如图 1-2-1 所示。

7月份各汽车品牌销量		
轿车	SUV	总计
A品牌	2686	6398	9084
B品牌	2366	3815	6181
C品牌	1037	3068	4105
D品牌	5697	7219	12916
E品牌	6179	6538	12717

图 1-2-1

试题解析

1. 在 Word 中插入 7 行 4 列的表格，并按要求录入内容。录入完毕后，选中表格第一行后单击右键，在快捷菜单中选择"合并单元格"命令，再在"段落工具"菜单中设置"居中对齐"。

2. 选中要计算的单元格，单击"表格工具"菜单中的"公式"按钮，用函数计算或者直接单击"计算"按钮进行求和。

3. 选中第 2~7 行单元格，单击"表格工具"菜单中的"表格属性"命令，在"表格属性"对话框中设置行高和列宽，如图 1-2-2 所示。

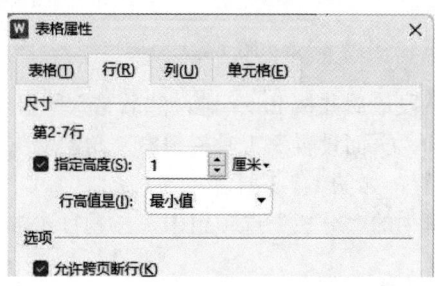

图 1-2-2

4. 选中表格第一行，在"表格工具"菜单中找到"底纹颜色"进行设置。

试题三（Excel）参考答案/试题解析

参考答案

本题的操作结果如图 1-3-1 所示。

	A	B	C	D	E	F	G
1	姓名	性别	语文	数学	英语	总分	排名
2	季小轩	男	85	89	78	252	3
3	董龙	男	78	90	86	254	2
4	付丽丽	女	89	87	90	266	1
5	王绍川	男	87	43	76	206	5
6	赵乐乐	女	67	78	76	221	4
7	李明	女	56	71	70	197	7
8	张伟	男	63	65	54	182	8
9	刘辉	男	78	61	65	204	6
10	张悦	女	61	59	42	162	9
11	总分		664	643	637	1944	
12	平均分		73.78	71.44	70.78	216.00	

图 1-3-1

试题解析

1. 在 Excel 中输入内容，在"开始"菜单的"字体"工具栏中按要求设置字体和字号。

2. 首先选中标题行单元格，在"开始"菜单的"字段"工具栏中按要求设置标题的字体和字号。然后再选中标题下面的各行单元格，以同样的方式进行字体设置。然后再在"段落"工具栏中选择"居中对齐"。

3. ①计算每位同学的总分：选中 F2 单元格，然后输入"=SUM(C2:E2)"后按 Enter 键，其余同学的总分使用填充柄向下进行填充；②计算各科目的总分：在 C11 单元格中输入函数"=SUM(C2:C10)"后按 Enter 键，然后再用填充柄向右进行填充求出其余科目的总分；③计算各科目的平均分：在 C12 单元格中输入函数"=AVERAGE(C2:C10)"后按 Enter 键，然后再用填充柄向右进行填充求出其余科目的平均分。计算完毕后，选中需要调整小数位置的单元格，单击右键，在快捷菜单中选择"设置单元格格式"命令，在对话框中的"数字-分类-数值"中进行小数位数的设置。

4．计算各位同学的排名：在 G2 单元格中输入"=RANK(F2,$F$2:$F$10)"后按 Enter 键，然后运用填充柄进行填充。

试题四（Excel）参考答案/试题解析

参考答案

本题的操作结果如图 1-4-1 所示。

	A	B	C	D	E
1			某企业工资情况表		
2	部门	员工姓名	基本工资/元	提成/元	应发工资/元
3	市场部	刘富豪	5231.2	6919	12150.20
4	市场部	蒋广尊	3168.3	6889	10057.30
5	市场部	季宏宇	3871	5336	9207.00
6	技术部	孙文政	2819	3220	6039.00
7	技术部	闫召峰	3688	3990	7678.00
8	技术部	刘倩	5163.5	6100	11263.50
9	技术部	王宇	5001.7	6139	11140.70
10	技术部	刘建国	3697	5079	8776.00
11	财务部	张丽	2031	3991	6022.00
12	财务部	赵文文	2813.5	3785	6598.50
13	基本工资大于3000元的人数				7
14	应发工资的平均数				8893.22
15	提成大于5000元的人数占总人数的比例				0.60

图 1-4-1

试题解析

1．绘制表格，在"开始"菜单的"字体"工具栏中设置字体，在"段落"工具框中设置所有边框。

2．在 E3 单元格内，输入"=SUM(C3:D3)"后按 Enter 键，计算出应发工资，并使用填充柄计算出其他人员的应发工资，单击鼠标右键，在快捷菜单中选择"设置单元格格式"命令，将数值保留两位小数。

3．在 E13 单元格中输入"=COUNTIF(C3:C12,">3000")"后按 Enter 键，计算出基本工资大于 3000 元的人数。

4．在 E14 单元格中输入"=AVERAGE(E3:E12)"后按 Enter 键，计算出应发工资的平均数。

5．在 E15 单元格中输入"=COUNTIF(D3:D12,">5000")/COUNT(D3:D12)"后按 Enter 键，计算出提成大于 5000 元的人数占总人数的比例。

试题五（PowerPoint）参考答案/试题解析

参考答案

本题的操作结果如图 1-5-1 所示。

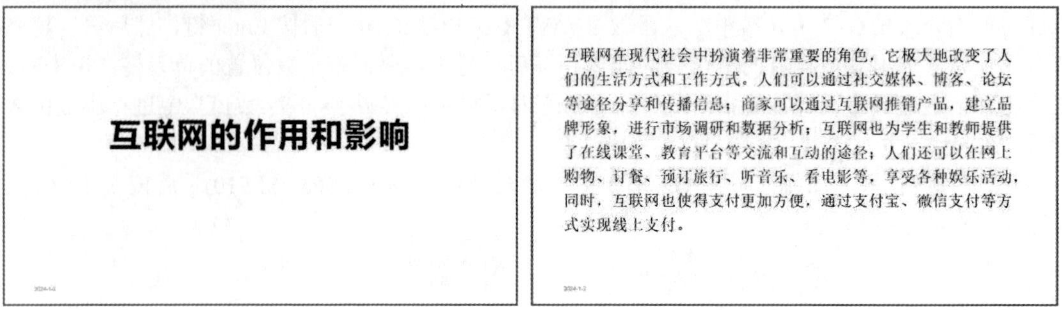

图 1-5-1

试题解析

1. 在幻灯片第一页插入文字，调整好标题位置后，选中标题文字，在"开始"菜单的"字体"工具框中按要求设置字体、字号。

2. 在第一页幻灯片的下方再新建一页幻灯片，按要求输入内容，然后在"开始"菜单的"字体"工具框中按要求设置字体、字号。

3. 选中第二页幻灯片，在"切换"菜单中选择"淡出"效果。

4. 在"插入"菜单中，单击"页眉页脚"按钮，在"页眉页脚"对话框中勾选"日期和时间"以及"页脚"复选框，然后单击"应用于全部"按钮完成设置。

试题六（PowerPoint）参考答案/试题解析

参考答案

本题的操作结果如图 1-6-1 所示。

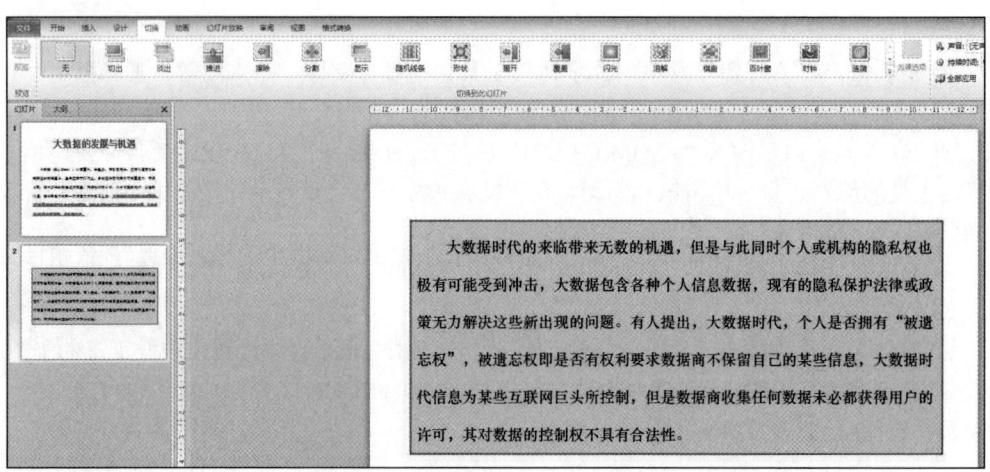

图 1-6-1

试题解析

1. 打开素材目录中的演示文稿，通过开始菜单选项中的新建幻灯片下拉菜单选择空白文稿，通过"设计"菜单选项中的"页面设置"进行大小、方向、宽度和高度的设置，如图1-6-2所示。右键单击左侧导航栏中的第一页幻灯片，在弹出的右键菜单里选择"复制幻灯片"。

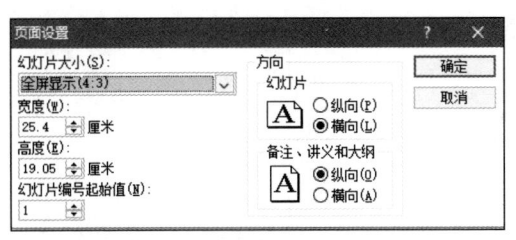

图 1-6-2

2．在第一页幻灯片中，通过"插入"菜单选项中的"文本框"工具按钮，选择横向文本框实现标题框的插入（图1-6-3），然后录入"大数据的发展与机遇"，选中标题框，通过"开始"菜单选项中的"字体"工具栏进行字体、字号、加粗和颜色设置（图1-6-4）。

图 1-6-3

图 1-6-4

3．选中标题文本框，右键单击选择"大小和位置"弹出对话框中选择"位置"，依题目要求设置（图1-6-5）。

4．在第一页幻灯片中，通过"插入"菜单选项中的"文本框"工具按钮，选择横向文本框实现正文内容的插入区域，并将指定内容录入至文本框，将首行的缩进进行设置，然后选择文本框内所有文字，通过"开始"菜单选项中的"字体"工具栏进行字体、字号设置，然后选中最后一句话，同样操作进行颜色、加粗和下划线的设置，最后通过"段落"格式对话框进行行间距的设置（图1-6-6），完成后通过鼠标拖动文本框的方式将其放置在幻灯片编辑区、标题下的中间区域。

5．通过左侧导航栏选择第二张幻灯片，参照第4步完成正文内容输入，文字格式的设置，然后选中段落文本框，右键单击文本框并在弹出的快捷菜单中选择"设置形状格式"，在设置对

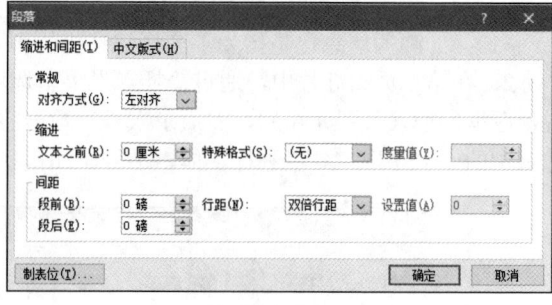

话框中依次选择"填充""线条颜色""线型"实现区域橙色背景、实线边框和边框线条类型的设置（图1-6-7）。

图 1-6-5

图 1-6-6

图 1-6-7

6. 选中第一张幻灯片，选择"切换"菜单选项卡中的"溶解"效果即可完成设置。

信息处理技术员机考试卷 第 2 套
基础知识卷

- 以下关于政务信息化的要求中，不正确的是__(1)__。
  (1) A．政务信息化是指为了迎接信息化的到来，利用信息技术、通信技术等对传统政府管理和公共服务进行改革
      B．政务信息化可实现让信息多跑路，让群众少跑路
      C．政务信息化可实现政务信息处理全面自动化
      D．政务信息化可加快推动政务信息系统互联和公共数据共享
- 以下关于数据价值的叙述，不正确的是__(2)__。
  (2) A．数据可以使企业获得创新的机会
      B．大量的低价值数据应保存在低成本的环境中
      C．数据的价值与数据量成正比
      D．数据的价值与其依附的存储介质无关
- 信息技术已引起传统教育方式发生深刻的变化，以下叙述不正确的是__(3)__。
  (3) A．丰富教学方式，提高教学效率
      B．学习者可以克服时空障碍，实现随时、随地、随愿学习
      C．给学习者提供宽松的、内容丰富的、个性化的学习环境
      D．教育信息化的发展使学校各学科全部转型为电子化教育
- 电子商务有多种模式，__(4)__模式是企业与政府之间通过网络进行交易活动的电子商务模式。
  (4) A．B2B   B．B2C   C．B2G   D．C2C
- 以下关于信息系统的叙述，不正确的是__(5)__。
  (5) A．其五大功能为输入、存储、处理、输出和管理
      B．管理信息系统为企业管理决策服务
      C．信息系统的输入功能取决于系统所要达到的目的及系统的能力和信息环境的许可
      D．绝大部分数据是持久的，不会随着程序运行的结束而消失
- 在 Excel 中，单元格 A1、B1、C1、A2、B2、C2 中的值分别为 15、96、67、58、69、89，若在单元格 D1 中输入函数"=LARGE(A1:B2,2)"，按 Enter 键后，D1 单元格中的值为__(6)__。
  (6) A．89   B．69   C．96   D．58
- 在 Excel 中，A1 的值为 50，A2 的值为 20，若在 A3 单元格中输入函数"=AVERAGE(A1:A2)"按 Enter 键后，A3 单元格的值为__(7)__。
  (7) A．15   B．25   C．35   D．10

- 在 Excel 中，单元格 A1、A2、A3、B1、B2、B3 中的值分别为 1、2、3、4、5、6，若在单元格 C1 中输入公式 "=MAX(A1:A3)–MIN(B1:B3)"，得出的结果为___(8)___。

  (8) A. 0　　　　　　B. –1　　　　　　C. 5　　　　　　D. 1

- 在 Excel 中，___(9)___函数的功能是将指定单元格区域中的最小值返回并显示在当前单元格中。

  (9) A. MAX　　　　B. SMALL　　　　C. MIN　　　　D. LARGE

- 某位同学的考试共有 5 门，其中 4 门成绩分别为 85、76、90、88，还有 1 门成绩在 95 分以上（满分 100 分），已知这 5 门课程的平均分恰好为整数，因此可以推断这 5 门课程的平均分为___(10)___。

  (10) A. 80　　　　　B. 87　　　　　C. 90　　　　　D. 96

- 全体职工工资的___(11)___最能反映小型企业内大多数职工工资状况的统计指标。

  (11) A. 平均数　　　B. 中位数　　　C. 极差　　　　D. 方差

- 以下图中共有___(12)___个三角形。

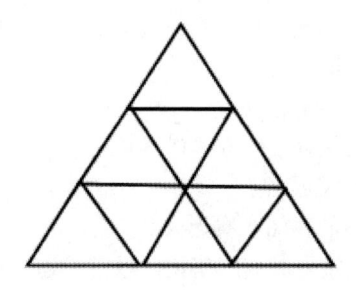

  (12) A. 11　　　　　B. 12　　　　　C. 13　　　　　D. 14

- 计算机硬件常用的数据校验方式不包括___(13)___。

  (13) A. 奇偶校验　　B. 海明校验　　C. 变换校验　　D. 循环冗余校验

- 以下选项中不属于数据清洗的是___(14)___。

  (14) A. 删除重复数据　　　　　　　　B. 删除空值以及不合法值
  　　　C. 检测信息的一致性　　　　　　D. 数据排序

- 下列关于企业信息处理的叙述，不正确的是___(15)___。

  (15) A. 企业产品信息有助于企业了解产品的市场需求和行情变化，提供产品更新换代的规律
  　　　B. 采购、生产和销售信息，是企业重要的信息资源
  　　　C. 数据是企业的重要资源，是企业的核心资产
  　　　D. 企业内部信息包括企业管理信息、市场环境信息

- 目前数据存储常用的在线式、近线式、离线式存储介质分别是___(16)___。

  (16) A. U 盘、闪存卡、固定磁盘　　　B. 光盘、磁盘、U 盘
  　　　C. 移动磁盘、光盘、固定磁盘　　D. 固定磁盘、移动磁盘、光盘

- 关于计算机的维护，以下说法错误的是___(17)___。

  (17) A. 控制外界温度，保持一定的空气湿度，外界环境温度一般控制在 5～35℃

B．较强的磁场环境不仅有可能造成磁盘数据的损失，而且还会使计算机出现一些莫名其妙的故障

C．计算机电压越高越稳定

D．大量的灰尘日积月累容易引发接口接触不良或短路等故障，也容易引起软驱光驱读写错误

- 下列选项中，不属于基础系统软件的是___(18)___。
  - (18) A．操作系统　　　　　　　　　　B．程序设计语言
  - 　　　C．数据库管理系统　　　　　　　D．计算机 PR 设计软件
- ___(19)___是一类辅助性的程序，主要包括编辑程序、调试程序、装配和连接程序、测试程序等。
  - (19) A．操作系统　　B．语言处理程序　　C．数据库管理系统　　D．服务性程序
- 关于多媒体的特性，下列说法不正确的是___(20)___。
  - (20) A．多媒体具有多样化的特征，计算机所能处理的信息空间范围广，而不再局限于数值、文本或特定的图形或图像
  - 　　　B．多媒体的集成性主要表现在两个方面：一是多媒体信息的集成；二是处理这些媒体设备的集成，这种集成指的是将多媒体的各种设备组成为一体
  - 　　　C．多媒体信息借用超媒体的方法，改变了人们传统的读写模式，把内容以一种更灵活、更具变化的方式呈现给使用者指的是多媒体的交互性
  - 　　　D．仅有个别种类媒体的计算机系统不是多媒体
- 下列___(21)___不属于多媒体技术的特点。
  - (21) A．交互性　　　B．集成性　　　C．多样化　　　D．动态性
- 下列关于无损压缩的说法，不正确的是___(22)___。
  - (22) A．无损压缩能够在 100%保存原文件的所有信息的前提下进行
  - 　　　B．常见的、主流的无损压缩格式有 APE、FLAC
  - 　　　C．无损压缩无法还原文件
  - 　　　D．无损压缩可将音频文件的体积压缩得更小
- 以下文件格式中，___(23)___不属于音频文件。
  - (23) A．WAV　　　B．MP3　　　C．VQF　　　D．BMP
- 下列文件中，___(24)___为视频文件。
  - (24) A．BMP　　　B．MP4　　　C．GIF　　　D．Flic
- 下列关于矢量图的说法，错误的是___(25)___。
  - (25) A．适用于直线以及其他可以用角度、坐标和距离来表示的图
  - 　　　B．图形任意放大后，清晰度会降低
  - 　　　C．矢量图是根据几何特性绘制的
  - 　　　D．可用于描述十分复杂的图形
- 屏幕 1920×1080 分辨率的像素是___(26)___。
  - (26) A．20 万　　　B．200 万　　　C．30 万　　　D．300 万

- 下列关于音频数字化的说法，不正确的是__(27)__。
  - (27) A. 是一种利用数字化手段对声音进行录制、存放、编辑、压缩或播放的技术
       B. 声音信号数字化的过程为：采样→编码→量化
       C. 播放数字声音时需进行解码、解压缩，形成二进制数据再将二进制数据进行数/模信号转换，形成模拟声音信号输出
       D. 可以将数字音频信号以文件形式保存在存储介质中，这样的文件一般称为数字声波文件
- 下列选项中，__(28)__是支持动画的图像存储格式。
  - (28) A. PNG   B. GIF   C. JPEG   D. BMP
- 下列文件扩展名中，属于网页文件的是__(29)__。
  - (29) A. .ISO   B. .HTML   C. .COM   D. .HLP
- 下列文件扩展名中，属于文本文件类型的是__(30)__。
  - (30) A. .exe   B. .doc   C. .txt   D. .bat
- 下列文件扩展名中，__(31)__属于音频文件。
  - (31) A. .mp3   B. .rm   C. .rmvb   D. .avi
- 若要用绝对路径表示在 D 盘 office 文件夹中的 excel.exe 文件，下列表示正确的是__(32)__。
  - (32) A. office\excel.exe   B. excel.exe
       C. D:\office\excel.exe   D. D:\office\excel\excel.exe
- 按住__(33)__可选择当前全部文件或文件夹。
  - (33) A. Alt+A   B. Ctrl+A   C. Alt+Shift   D. Shift+A
- 在 Windows 7 中，标题栏右上角的三个按钮不包括__(34)__。
  - (34) A. 最小化   B. 最大化/还原 C. 关闭   D. 拖移
- 下列__(35)__不属于操作系统的功能。
  - (35) A. 管理计算机系统的资源   B. 实现用户之间的相互交流
       C. 调度控制程序的应用程序   D. 方便用户操作
- 当鼠标指针变成__(36)__时，单击可打开相应的超链接。
  - (36) A. 沙漏   B. 箭头   C. 手型   D. 指针+沙漏
- __(37)__是指将有限的地理区域内的各种通信设备互联在一起的通信网络。
  - (37) A. 局域网   B. 无线局域网
       C. 城域网   D. 广域网
- __(38)__覆盖范围通常为一个城市或地区，距离从几十千米到上百千米，通常采用光纤或微波作为网络的主干通道。
  - (38) A. 局域网   B. 无线局域网
       C. 城域网   D. 广域网
- 下列说法错误的是__(39)__。
  - (39) A. 电路交换类似于传统的电话交换方式，用户可直接通信，无须建立物理信道
       B. 报文交换是一种数字化网络

C．分组交换采用报文传输，以分组作为传输的基本单位，简化了对计算机存储器的管理，加速了传播速度

D．分组交换优于线路交换和报文交换

● ___(40)___ 是服务于物联网信息汇聚、传输和初步处理的网络设备和平台。负责对传感器采集的信息进行安全无误地传输，并对收集到的信息进行分析处理，将结果提供给应用层。

(40) A．感知层　　　　B．网络层　　　　C．应用层　　　　D．传输层

● 为了使超文本的链接能够高效地完成，需要用 ___(41)___ 来传送一切必需的信息。

(41) A．HTTP　　　　B．DNS　　　　C．CN　　　　D．URL

● OSI 开放系统互连参考模型中，___(42)___ 位于最低层。

(42) A．表示层　　　　B．物理层　　　　C．应用层　　　　D．传输层

● 39.255.255.254 属于 ___(43)___ IP 地址。

(43) A．A 类　　　　B．B 类　　　　C．C 类　　　　D．D 类

● 在 Word 中，可以通过 ___(44)___ 对误删除的内容进行恢复。

(44) A．剪切　　　　B．粘贴　　　　C．撤销　　　　D．复制

● 下列关于 Word 中文本框的说法，错误的是 ___(45)___ 。

(45) A．可插入竖向文本框和横向文本框　　　B．文本框会随着文字增多而增大
　　　C．可选择不同样式的文本框　　　　　　D．在文本框中可以插入图片

● 在 Word 中，若要连续同时选中不同区域的文本，第二次开始选中文本时则需按住 ___(46)___ 键。

(46) A．Alt　　　　B．Ctrl　　　　C．Shift　　　　D．Fn

● 下列关于 Word 的说法，___(47)___ 是错误的。

(47) A．在 Word 中，快捷键 Ctrl+O 可打开文件
　　　B．在 Word 的"打印"命令对话框中不能设置页码位置
　　　C．若要自动生成目录，文档中必须包含标题样式
　　　D．在 Word 表格中，按 Enter 键可将光标移到下一个单元格

● 以下关于 Word 的描述，正确的是 ___(48)___ 。

(48) A．页边距的设置只影响当前页
　　　B．Word 中"显示比例"按钮可将字体变大或变小
　　　C．若要选定一个句子，可按住 Ctrl 键同时单击句子中的任意位置
　　　D．添加下划线可使用快捷键 Shift+U

● 下列关于 Word 中快捷键的使用，错误的是 ___(49)___ 。

(49) A．Ctrl+Z 可撤销最后一个动作　　　B．Ctrl+O 可打开文件夹
　　　C．Ctrl+F 可查找文档中的内容　　　D．Ctrl+X 可保存文件

● 在 Word 文档中，___(50)___ 是唯一的一种按照窗口大小进行显示的视图方式。

(50) A．Web 版式视图　　B．大纲视图　　C．草稿视图　　D．页面视图

● 在 Word 文档中，___(51)___ 能查看文档的结构，还可以通过拖动标题来移动、复制和重新组织文本，特别适合编辑那种含有大量章节的长文档。

(51) A．Web 版式视图　　B．大纲视图　　C．草稿视图　　D．页面视图

- 下列关于在 Word 中插入页码的叙述，不正确的是 (52) 。
  - (52) A．可以将页码插入到页面左上方　　B．页码样式可以是数字也可以是文字
  - 　　　C．插入页码只能设置整篇文档　　　D．页码会随着文档内容的增减自动更新
- 在 Word 2007 中， (53) 不能插入到页眉或页脚中。
  - (53) A．数字　　　　B．图片　　　　C．日期　　　　D．音频文件
- 在 Excel 单元格中输入文本时，可以用快捷键 (54) 进行换行。
  - (54) A．Ctrl+Enter　　B．Alt+Enter　　C．Alt+Tab　　D．Enter
- 在 Excel 中，函数 INT(–17.8)的结果为 (55) 。
  - (55) A．17　　　　B．–17　　　　C．18　　　　D．–18
- 在 Excel 的 A1 单元格中，输入"=2^3"后按 Enter 键的结果为 (56) 。
  - (56) A．6　　　　B．3　　　　C．8　　　　D．9
- 在 Excel 中，属于比较运算符的是 (57) 。
  - (57) A．/　　　　B．*　　　　C．<>　　　　D．%
- 在 Excel 中，公式中的绝对引用地址在被复制到其他单元格时，其 (58) 。
  - (58) A．行地址和列地址均会改变　　　B．行地址会改变，列地址不会改变
  - 　　　C．行地址和列地址均不会改变　　D．行地址不会改变，列地址会改变
- 在 Excel 中，利用填充柄可以将数据复制到相邻单元格中。若选择含有数值的上下相邻的两个单元格后，左键向下拖动填充柄，则数据将以 (59) 填充。
  - (59) A．上单元格数值　B．等差数列　　C．等比数列　　D．下单元格数值
- 在 Excel 2010 的 A1 单元格中输入函数 "=LEFT("Computer",1)"，按 Enter 键后，则 A1 单元格中的值为 (60) 。
  - (60) A．C　　　　B．r　　　　C．O　　　　D．m
- 在 Excel 中，若在 A1 单元格中输入函数 "=LEN("network")"，按 Enter 键后，则 A1 单元格中的值为 (61) 。
  - (61) A．WWW　　　B．7　　　　C．net　　　　D．work
- 在 Excel 中，若在 A1 单元格中输入函数 "=POWER(2,5)"，按 Enter 键后，则 A1 单元格中的值为 (62) 。
  - (62) A．10　　　　B．32　　　　C．25　　　　D．16
- 若在 Excel 工作表中修改某一单元格的数据，那么与该数据有关的单元格 (63) 。
  - (63) A．会自动重新计算/跟着一起改变　　B．出现 FALSE
  - 　　　C．不会变化　　　　　　　　　　　D．被删除
- 在电子表格中输入身份证号时，一般建议采用 (64) 数据格式。
  - (64) A．数值　　　B．货币　　　C．文本　　　D．科学计数
- 在 PowerPoint 中， (65) 不可以设置动画播放效果。
  - (65) A．标题　　　B．背景图片　　C．其他图片　　D．段落
- 在空白幻灯片中，不可以直接插入 (66) 。
  - (66) A．图片　　　B．文字　　　C．文本框　　　D．表格

- 在 PowerPoint 中，关于幻灯片母版，下列说法错误的是__（67）__。
  - （67）A．一个演示文稿可以有多个幻灯片母版　　B．可以添加新的版式
  　　　　C．可以重命名现有的版式　　　　　　　　D．不可以在母版中插入图片
- 下列不属于《中华人民共和国保守国家秘密法》中涉密信息等级划分的是__（68）__。
  - （68）A．绝密　　　　B．机密　　　　C．秘密　　　　D．保密
- 有些病毒被设置了一些如日期等运行条件，只有当满足了这些条件时才会实施攻击，指的是病毒具有__（69）__。
  - （69）A．传播性　　　B．破坏性　　　C．可激发性　　D．隐蔽性
- 我国发明专利的保护期限为__（70）__。
  - （70）A．自专利申请日起 20 年　　　　　　　B．自专利申请日起 10 年
  　　　　C．自专利申请日起 15 年　　　　　　　D．作者生前终生及死亡后 50 年
- 《跨境电子商务海外仓运营管理要求》（GB/T 43291—2023）属于__（71）__。
  - （71）A．行业标准　　B．国家标准　　C．组织标准　　D．国际标准
- 根据病毒的分类，__（72）__可用自身代替正常程序中的部分模块。这类病毒一般是攻击某些特定程序，比较难以发现且较难清除。
  - （72）A．源码型病毒　　B．入侵型病毒　　C．操作系统型病毒　　D．外壳型病毒
- __（73）__ is an advanced human-machine interface characterized by immersion, exchangeability, and conceptualization.
  - （73）A．big data　　　　　　　　　　　B．virtual reality
  　　　　C．Internet of Things　　　　　　　D．artificial intelligence
- __（74）__ is a network client software that can display web pages and implement hyperlinks between web pages.
  - （74）A．Operating system　　B．E-mail　　C．Browser　　D．WPS
- 在数据库表中查找年龄超过 20 岁的男性，应使用__（75）__运算。
  - （75）A．联接　　　　B．关系　　　　C．选择　　　　D．投影

信息处理技术员机考试卷　第 2 套
应用技术卷

试题一（Word）

【说明】用 Word 录入以下内容，并按要求完成操作。

互联网，又称国际网络，指的是网络与网络之间所串联成的庞大网络，这些网络以一组通用的协议相联，形成逻辑上的单一巨大国际网络。通常 internet 泛指互联网，而 Internet 则特指因特网。这种将计算机网络互相连接在一起的方法可称作"网络互联"，在这基础上发展出覆盖全世界的全球性互联网络称互联网，即互相连接在一起的网络结构。

互联网始于 1969 年美国的阿帕网。这种将计算机网络互相连接在一起的方法可称作"网络互联"。这种信息之间的互相连接，促进了各种不同类型的信息共享，从而提高了信息利用的效率。

【要求】
1．将正文设置为宋体，字号为四号。
2．为正文添加边框，方框，1.5 磅。
3．为正文中的"通常 internet 泛指互联网，而 Internet 则特指因特网"设置底纹，并将字体颜色设置为标准色蓝色。

试题二（Word）

【说明】用 Word 录入以下内容，并按要求完成操作。

梅花，是冬季的代表。在它盛开的时节，那种独特的清香总会让人们心旷神怡，仿佛置身于一个清新的世界。

梅花是一种独特的植物，不同于春天的桃花、夏天的荷花、秋天的菊花。它在冬季里盛开，以那无畏严寒、傲然挺立的姿态，给人以极大的鼓舞。每当初冬来临，当其他的花朵已经凋零，梅花却开始绽放。它没有华丽的外表，没有浓郁的香气，只有那种淡淡的清香，让人感到无比的清新。

梅花的花瓣洁白如雪，仿佛是冬天的精灵。它们一朵朵地挂在枝头，像是给寒冷的冬季增添了一份生机。梅花的枝干苍劲有力，仿佛是经过无数风雨洗礼的战士，依然屹立不倒。每当雪花飘落，梅花和雪相互映衬，构成了一幅美丽的画卷。

梅花的精神更是让人敬佩。它不畏严寒，不惧风霜，那种坚韧不拔的精神正是人们所追求的。梅花在寒冷的冬季里盛开，给人们带来了希望和力量，激励着人们勇敢地面对生活中的困难和挑战。

【要求】
1．在 Word 中录入上述文字，并设置正文字体为楷体，字号为三号。

2. 设置正文开头的"梅"为首字下沉2行,字体为隶书。
3. 为上述文字加入水印"梅花",字体为楷体、斜体,透明度为50%,水印应用于整篇文档。

试题三(Excel)

【说明】在 Excel 的 sheet1 工作表中,输入下图所示的"跳水测试成绩表",并按要求完成操作。

	A	B	C	D	E	F	G	H	I
1	跳水测试成绩表								
2	选手	评委1	评委2	评委3	评委4	评委5	最高成绩	最终成绩	是否合格
3	1号	8.5	7	8.5	7.5	9			
4	2号	9.5	9.5	9	8.5	8.5			
5	3号	6.5	7	7.5	6.5	6			
6	4号	7	7.5	8	8.5	9			
7	5号	5.5	6	5.5	6.5	7			
8	6号	7.5	7.5	8	8	8.5			
9	7号	9.5	9	9.5	8	9			
10	合格率								

【要求】

1. 绘制跳水测试成绩表,设置可视边框,字体为宋体,字号为14磅,居中。
2. 用函数计算出最高成绩;再用函数计算出最终成绩:(总成绩之和–最高分–最低分)/3,保留2位小数。
3. 计算出每位选手的合格情况:最终成绩大于7即为合格,否则不合格。
4. 计算出整体的合格率,用百分比形式,保留两位小数。

试题四(Excel)

【说明】在 Excel 的 sheet1 工作表内创建如下图所示的教练评定表,并按照要求完成操作。

	A	B	C	D
1	教练评定表			
2	编号	评分	等级	排名
3	1	7		
4	2	8.2		
5	3	8.5		
6	4	9.1		
7	5	9		
8	6	9.2		
9	7	7.5		
10	8	6.1		
11	9	8.9		
12	10	9.6		
13	11	9.5		
14	12	9.7		
15	平均分			
16	合格率			

【要求】

1. 在表格中输入上述内容,设置字体为宋体,字号为16磅,居中。

2．计算出各教练的等级情况，评分大于 8 的为"优"，评分小于 8 的为"良"。

3．计算所有教练的平均分。

4．为各教练进行排名。

5．计算出本次合格率（若评分大于 8，则合格，否则不合格），设置为百分比格式，保留 2 位小数。

试题五（PowerPoint）

【说明】在 PowerPoint 中输入以下资料内容，并完成后面的操作要求。

人脸识别技术是一种基于人的脸部特征信息进行身份认证的生物识别技术。它通过采集和比对人脸特征信息，对输入的人脸图像或视频中的人脸进行识别，可以快速、准确地实现身份认证。

人脸识别技术的应用非常广泛，比如安全认证、智能门禁、景区入园等场景中都能看到它的身影。

【要求】

1．在 PowerPoint 第一页输入上面的内容，设置字体为宋体，字号为 28 磅，颜色为"黑色"。

2．将第二段文字设置动画效果为"百叶窗"。

3．插入页脚，内容为"人脸识别技术"。

试题六（PowerPoint）

【说明】在 PowerPoint 中输入以下资料内容，并完成后面的操作要求。

人工智能是智能学科重要的组成部分，它企图了解智能的实质，并生产出一种新的能以人类智能相似的方式做出反应的智能机器。人工智能是十分广泛的科学，包括机器人、语言识别、图像识别、自然语言处理、专家系统、机器学习，计算机视觉等。人工智能大模型带来的治理挑战也不容忽视。

着眼未来，在重视防范风险的同时，也应同步建立容错、纠错机制，努力实现规范与发展的动态平衡。

【要求】

1．在 PowerPoint 第一页输入上面的内容，设置字体为楷体，字号为 20 磅，颜色为"黑色"。

2．将第一段和第二段的第一行文字均设置为首行缩进，行间距设置为 1.5 倍。

3．将内容文本区域背景设置为：渐变填充效果，预设颜色类型为"雨后初晴"，类型为"线性"，其他保持系统默认。

4．将文本框添加"飞入"的动画效果。

信息处理技术员机考试卷 第 2 套
基础知识卷参考答案/试题解析

（1）**参考答案**：C

试题解析 政务信息化不可能实现政务信息处理的全面自动化，对于特殊问题、复杂问题都需要专职人员进行处理。

（2）**参考答案**：C

试题解析 数据的价值取决于数据的应用，有些数据是重要的，数据量越大价值越高，而有些数据量很大但是价值很低。

（3）**参考答案**：D

试题解析 电子化教育是重要的教育手段，但不能完全代替教师指导和实践训练。

（4）**参考答案**：C

试题解析 B2B 是指企业对企业的电子商务模式；B2C 是指企业对个人的商务模式；B2G 是指企业对政府的商务模式；C2C 是指个人对个人的商务模式。

（5）**参考答案**：A

试题解析 信息系统的功能包括：输入、存储、处理、输出、控制。信息系统的分类包括：过程控制系统；信息资源服务系统；管理信息系统（为企业管理决策服务）；其他信息系统，如电子数据交换（EDI）系统、电子商务（EC）系统、企业资源规划（ERP）系统、自动化办公（OA）系统等。

（6）**参考答案**：B

试题解析 由题意可知，A1:B2 区域内的数值有 15、96、58、69。函数 LARGE(A1:B2,2) 的功能是求 15、96、58、69 这一组数值中排名第二大的数字。

（7）**参考答案**：C

试题解析 函数 AVERAGE(A1:A2)的功能为计算出 A1:A2 区域内单元格值的平均数。因此，(50+20)/2=35。

（8）**参考答案**：B

试题解析 函数 MAX 是求最大值，函数 MIN 是求最小值。根据题意求出 A1:A3 区域的最大值 3，B1:B3 区域的最小值 4，得到 3-4=-1。

（9）**参考答案**：C

试题解析 函数 MAX 是返回一组数值中的最大值；函数 SMALL 是统计一行数据中的最小值；函数 MIN 是返回一组数据中的最小值；函数 LARGE 是统计一行中的最大值。

（10）**参考答案**：B

🔍**试题解析**　根据题意可知,第5门的成绩在95分以上,因此这5门课程的总分范围为434~439分,但平均分为整数,所以总分为435,因此平均分为87,第5门成绩为96分。

（11）**参考答案**：B

🔍**试题解析**　样本数据的统计指标有多种。方差反映了全体数据之间的离散程度,极差是最大数与最小数之差,这两种指标都只能反映差异,并不能反映整体状况。小企业内职工工资的平均数虽然大体上反映了企业的工资水平,但是有的岗位工资特别高,普通员工工资可能特别低,这时平均值并不能反映大多数职工的工资状况。而中位数更能反映大多数职工的工资情况,因为工资比中位数高的人数与比中位数低的人数相等,且消除了异常观测值的影响,因此比较能反映全体数据的分布状况。

（12）**参考答案**：C

🔍**试题解析**　图中共有小三角形9个,大三角形1个,由4个小三角形组成的中等三角形共3个,因此共有三角形9+1+3=13个。

（13）**参考答案**：C

🔍**试题解析**　计算机硬件常用的数据校验方法有奇偶校验、海明校验和循环冗余校验。

（14）**参考答案**：D

🔍**试题解析**　数据清洗是对数据进行重新审查和校验的过程,要对原始数据中可识别的错误通过一系列步骤进行清理,数据排序不属于数据清洗。

（15）**参考答案**：D

🔍**试题解析**　企业内部信息包括：企业产品信息,企业管理信息,设备、厂房和运力信息,人员、知识和资产信息。企业外部信息包括：市场环境信息,技术经济信息,企业合作信息,法律法规信息等。

（16）**参考答案**：D

🔍**试题解析**　计算机中使用的数据按处理状态可以分为三类：当前需要处理的数据（在线数据）、近期备份待处理的数据（近线数据）、目前暂不用但以后需要时可以用的数据（离线数据）。因此,对这三类数据分别以在线方式、近线方式、离线方式进行存储。常用内存和固定磁盘保存在线数据,用移动磁盘保存近线数据,用光盘保存离线的历史数据。

（17）**参考答案**：C

🔍**试题解析**　市电电压的不稳定是造成计算机启动故障的一个重要原因,电压过低时计算机不易启动,正常运行时如果电压过低有可能使计算机重复启动,而过高的电压则可能损害计算机硬件。

（18）**参考答案**：D

🔍**试题解析**　基础系统软件是指大多数计算机上普遍安装的通用软件,如操作系统、浏览器、办公软件、数据库管理软件等。计算机PR设计软件即Premiere软件,属于专业领域的专用软件。

（19）**参考答案**：D

🔍**试题解析**　操作系统（Operating System,OS）是计算机系统软件的核心,其本身是系统软件的一部分,是最贴近硬件的系统软件,它由一系列具有控制和管理功能的子程序组成。程序设计语言是软件系统的重要组成部分,而相应的各种语言处理程序属于系统软件。数据库管理系统是对计算机中所存放的大量数据进行组织、管理、查询并提供一定处理功能的软件系统。服务性程序是一类辅助性的程序，它提供各种软件运行所需的服务，如编辑程序、调试程序、装配和连接程序、测试程序等。

（20）**参考答案**：C

🖊**试题解析**　多媒体信息借用超媒体的方法，改变了人们传统的线性顺序读写模式，把内容以一种更灵活、更具变化的方式呈现给使用者。这指的是多媒体的非线性而不是交互性。

（21）**参考答案**：D

🖊**试题解析**　多媒体技术的特征主要包括信息载体的多样化、集成性、交互性和非线性。

（22）**参考答案**：C

🖊**试题解析**　经无损压缩后的音频文件还原后，能够实现与源文件相同的大小、相同的码率。

（23）**参考答案**：D

🖊**试题解析**　BMP 属于图像文件。

（24）**参考答案**：B

🖊**试题解析**　常用的视频文件类型包括 AVI、MP4 等。

（25）**参考答案**：B

🖊**试题解析**　图形是矢量图（Vector Drawn），是根据几何特性来绘制的，其描述图形的元素是点、直线、弧线等。矢量图适用于直线以及其他可以用角度、坐标和距离来表示的图。图形任意放大或者缩小后，清晰度不会变化。

（26）**参考答案**：B

🖊**试题解析**　1920×1080 分辨率代表的是一种宽屏高清（HD）分辨率，其中 1920 代表水平方向上的像素数，1080 代表垂直方向上的像素数。因此，该分辨率的总像素数可以通过将 1920 和 1080 相乘来计算，即 1920×1080=2073600，故选 B。

（27）**参考答案**：B

🖊**试题解析**　声音信号数字化的过程是：采样→量化→编码。
采样是指用每隔一定时间的信号样值序列来代替原来在时间上连续的信号，也就是在时间上将模拟信号离散化。量化是用有限个近似于原来连续变化的幅度值把模拟信号的连续幅度变为有限数量的有一定间隔的离散值。编码是指按一定格式记录采样和量化后的数字数据。

（28）**参考答案**：B

🖊**试题解析**　支持动画的图像存储格式是 GIF，PNG、JPEG 和 BMP 是图像文件格式。

（29）**参考答案**：B

🖊**试题解析**　以.HTML 为后缀的文件，属于网页文件。

（30）**参考答案**：C

🖊**试题解析**　.txt 为文本文件，.exe 为可执行文件，.doc 为 Word 文档文件，.bat 为批处理文件。

（31）**参考答案**：A

🖊**试题解析**　.mp3 为音频文件，.rm、.rmvb、.avi 为视频文件。

（32）**参考答案**：C

⚑试题解析 绝对路径是从根文件夹目录开始到目标文件（夹）所经过的各级文件夹的路径关系，本题要表示在 D 盘 office 文件夹中的 excel.exe 文件，则答案为 C。

（33）参考答案：B

⚑试题解析 选择当前全部文件夹，可按键盘上的 Ctrl+A 组合键。

（34）参考答案：D

⚑试题解析 在 Windows 7 中，标题栏位于窗口的顶端，在其最右端有"最小化""最大化/还原""关闭"三个按钮，用来执行改变窗口的大小和关闭窗口操作。用户可以通过用鼠标左键按住标题栏来移动窗口，并没有专门的"拖移"按钮。

（35）参考答案：C

⚑试题解析 操作系统的功能包括管理计算机系统的硬件、软件及数据资源，控制程序运行，改善人机界面，为其他应用软件提供支持，让计算机系统的所有资源最大限度地发挥作用，提供各种形式的用户界面，使用户有一个好的工作环境，为其他软件的开发提供必要的服务和相应的接口等。实现用户之间的相互交流属于应用层的功能。

（36）参考答案：C

⚑试题解析 鼠标形状为"沙漏"时，表示当前操作正在进行且还未完成。鼠标形状为"指针+沙漏"时，表示当前操作正在后台进行。

（37）参考答案：A

⚑试题解析 局域网是指将有限的地理区域内的各种通信设备互联在一起的通信网络。局域网具有信息传送速度快、组网成本低、易于管理等特点，其覆盖范围一般不超过几十千米。

（38）参考答案：C

⚑试题解析 MAN 又称为城市网、区域网。MAN 介于 LAN 和 WAN 之间，其覆盖范围通常为一个城市或地区，距离从几十千米到上百千米。MAN 中可包含若干彼此互联的 LAN，可以采用不同的系统硬件、软件和通信传输介质构成，从而使不同类型的 LAN 能有效地共享信息资源。MAN 通常采用光纤或微波作为网络的主干通道。

（39）参考答案：A

⚑试题解析 按交换方式来分类，计算机网络可以分为电路交换网、报文交换网和分组交换网。

电路交换类似于传统的电话交换方式，用户在开始通信前，必须申请建立一条从发送端到接收端的物理信道，并且在双方通信期间始终占用该信道，数字信号经过变换成为模拟信号后才能在线路上传输。

报文交换是一种数字化网络。当通信开始时，源主机发出的一个报文被存储在交换机里，交换机根据报文的目的地址选择合适的路径发送报文，这种方式称为存储-转发方式。

分组交换也称为包交换方式，分组交换也采用报文传输，它将一个长报文划分为许多定长的报文分组，以分组作为传输的基本单位，这样就大大简化了对计算机存储器的管理，而且也加速了信息在网络中的传播速度。由于分组交换优于线路交换和报文交换，因此它已成为计算机网络通信的主流技术。

（40）参考答案：B

💡试题解析　一般将物联网的结构分为感知层、网络层、应用层三个层次。

感知层是实现物联网全面感知的基础，主要功能是通过传感设备识别物体，采集信息。

网络层是服务于物联网信息汇聚、传输和初步处理的网络设备和平台，负责对传感器采集的信息进行安全无误地传输，并对收集到的信息进行分析处理，将结果提供给应用层。

应用层主要解决信息处理和人机界面问题，即输入/输出控制终端，如手机、智能家电的控制器等，主要通过数据处理及解决方案来提供人们所需要的信息服务。

应用层直接接触用户，为用户提供丰富的服务功能，用户通过智能终端在应用层上定制需要的服务信息，如查询信息、监控信息、控制信息等。

（41）参考答案：A

💡试题解析　为了使超文本的链接能够高效地完成，需要用超文本传输协议（HTTP）来传送一切必需的信息。从协议所在层的角度看，HTTP 是面向事务的应用层协议，它是万维网上能够可靠地交换文件（包括文本、声音、图像等各种多媒体文件）的重要基础。

（42）参考答案：B

💡试题解析　无论是 OSI 七层模型还是 TCP/IP 四层模型，最低层都是物理层。

（43）参考答案：A

💡试题解析　A 类地址以 0 开头，网络位占 8 位；B 类地址以 10 开头，网络位占 16 位；C 类地址以 110 开头，网络位占 24 位；D 类地址以 1110 开头。IP 地址的分类具体如下图所示。

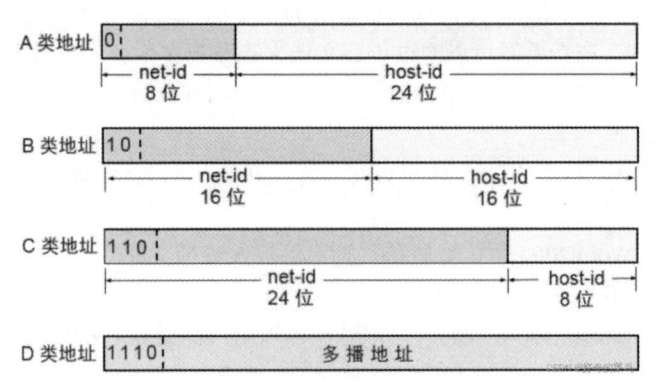

可见，对于 A 类地址，其网络位虽然有 8 位，但由于其必须以 0 开头，所以最高 8 位中仅低 7 位可用，因此 A 类地址总的可用数量为 $2^7-2=126$ 个（网络位全 0 与全 1 为保留地址），IP 地址的前 8 位范围为 1～126。而题目给出的 IP 地址的高 8 位为 39（0001 0111），因此这是 A 类地址。

（44）参考答案：C

💡试题解析　在 Word 中，对当前内容进行了误操作，可使用撤销命令（快捷键为 Ctrl+Z）对删除的内容进行恢复。

（45）参考答案：B

💡试题解析　Word 中插入的文本框，不会自动随着文本的增多而增大，而是需要手动调整。

（46）参考答案：B

💡试题解析　在 Word 中，若要连续同时选中不同区域的文本，第二次开始选中文本时则需按住 Ctrl 键进行下一步的选中。

（47）参考答案：D

📖试题解析　在 Word 表格中，按 Tab 键可将光标移到下一个单元格，按 Enter 键会在单元格内另起一行。

（48）参考答案：C

📖试题解析　选项 A 中，页边距的设置对所有页面生效；选项 B 中，通过显示比例按钮类似于放大镜，放大或缩小页面显示，并不能改变字符的实际大小；选项 D 中，添加下划线应使快捷键用 Ctrl+U 而不是 Shift+U。

（49）参考答案：D

📖试题解析　在 Word 中，保存文件的快捷键为 Ctrl+S。

（50）参考答案：A

📖试题解析　Web 版式视图方式是几种视图方式中唯一的一种按照窗口大小进行显示的视图方式。该视图将显示文档在浏览器中的外观，包括背景、修饰的文字和图形，便于阅读。因此，它适用于 Web 页的创建和浏览，特别是对那些不需要打印而只是联机阅读的文档，使用这种视图方式是最佳选择。

（51）参考答案：B

📖试题解析　在大纲视图中，能查看文档的结构，还可以通过拖动标题来移动、复制和重新组织文本，因此它特别适合编辑那种含有大量章节的长文档，能让用户的文档层次结构清晰明了，并可根据需要进行调整。在查看时可以通过折叠文档来隐藏正文内容而只看主要标题，或者展开文档以查看所有的正文。另外大纲视图中不显示页边距、页眉和页脚、图片和背景。

（52）参考答案：C

📖试题解析　在 Word 中，设置页码可以在当前页开始，可以按节设置，也可以设置整篇文档。

（53）参考答案：D

📖试题解析　在 Word 2007 中，页眉和页脚不可插入音频文件。

（54）参考答案：B

📖试题解析　在 Excel 单元格中输入文本时，可以用快捷键 Alt+Enter 进行换行。

（55）参考答案：D

📖试题解析　函数 INT(–17.8)的功能为取一个数值的整数部分。

（56）参考答案：C

📖试题解析　"=2^3"表示计算 2^3，计算结果为 8。

（57）参考答案：C

📖试题解析　在 Excel 公式中，可使用的运算符包括引用运算符、算术运算符、比较运算符和文本运算符。引用运算符有"：，空格"；算术运算符有"+–*/%∧"等；比较运算符有"=<>>=<=<>"。文本运算符有"&"。Excel 对运算符的优先级作了严格的规定，算术运算符从高到低分为 3 个级别：%和∧、*和/、+和–。比较运算符优先级相同。四类运算符的优先顺序为引用运算符、算术运算符、文本运算符、比较运算符。

（58）参考答案：C

💡**试题解析** 绝对地址由绝对的行号和列号组成,即使复制到其他单元格中其行号和列号也都不会改变(事实上,如果要行号和列号都不改变,需要在行号和列号前分别加绝对符号"$")。

(59) **参考答案**:B

💡**试题解析** 选中两个相邻单元格后,通过填充柄填充,是按等差数列的算法来填充(注意:如果只选一个单元格后用手柄填充,则是进行复制)。

(60) **参考答案**:A

💡**试题解析** 函数 LEFT("Computer",1)表示取字符串 Computer 中的左边第一个字符。

(61) **参考答案**:B

💡**试题解析** LEN 函数用于返回一个字符串的长度。因此,"=LEN("network")"的含义是返回"network"的字符数,计算结果为 7。

(62) **参考答案**:B

💡**试题解析** POWER(number, power)函数的功能求以 number 为底数以 power 为指数的乘方计算的结果,POWER(2,5)表示 2 的 5 次方,得到 32。

(63) **参考答案**:A

💡**试题解析** 若在 Excel 工作表中修改数据后,与该数据相关的单元格会相应地作出改变。

(64) **参考答案**:C

💡**试题解析** 第二代身份证号有 18 位,直接输入时会自动转换成科学计数格式(带小数点、尾数和阶码)。因此,输入数据前,应将单元格的格式设置成文本格式,这样就能保证输入不会自动改变。

(65) **参考答案**:B

💡**试题解析** 本题考查幻灯片制作软件 PowerPoint 的基础知识。背景图片就是 PowerPoint 的最底层的图片,其他图片和文字都浮在这层之上,在使用时可以将自己喜欢的图片设置为背景图片,背景图片不能设置动画播放效果。

(66) **参考答案**:B

💡**试题解析** 在空白幻灯片中,不可以直接插入文字。要插入文字需要先插入一个文本框,文字只能在文本框中进行输入。

(67) **参考答案**:D

💡**试题解析** 在 PowerPoint 中可以在母版中插入图片。

(68) **参考答案**:D

💡**试题解析** 《中华人民共和国保守国家秘密法》将涉密信息等级分为绝密、机密、秘密三级。绝密是最重要的国家秘密,泄露会使国家的安全和利益遭受特别严重的损害。机密是重要的国家秘密,泄露会使国家的安全和利益遭受严重的损害。秘密是一般的国家秘密,泄露会使国家的安全和利益遭受损害。

(69) **参考答案**:C

💡**试题解析** 计算机病毒作为一种计算机程序,和一般程序相比,具有 5 个主要特点:传播性、隐蔽性、潜伏性、可激发性、破坏性。

(70) **参考答案**:A

🔑 **试题解析** 对于不同的保护客体，其对应的保护期见下表。

保护类型	保护期限
发明专利	自专利申请日起 20 年
实用新型专利	自专利申请日起 10 年
外观设计专利	自专利申请日起 15 年
公民的作品发表权	作者生前终生及死亡后 50 年
商标权	自核准注册之日起 10 年
商业秘密	不确定

（71）**参考答案**：B

🔑 **试题解析** 根据标准的类别符号，GB 属于国家标准（GB 国标的拼音首字符），T 属于推荐（非强制）标准。

（72）**参考答案**：B

🔑 **试题解析** 入侵型病毒可用自身代替正常程序中的部分模块。这类病毒一般是攻击某些特定程序，比较难以发现且较难清除。

（73）**参考答案**：B

🔑 **参考译文**　（73）是以沉浸性、交换性和构想性为基本特征的高级人机界面。
　A．大数据　　　　　B．虚拟现实　　　C．物联网　　　　D．人工智能

🔑 **试题解析** 虚拟现实技术是一种可以创建和体验虚拟世界的计算机仿真系统，它利用计算机生成一种模拟环境，是一种多源信息融合的交互式的三维动态视景和实体行为的系统仿真，可使用户沉浸到该环境中。

（74）**参考答案**：C

🔑 **参考译文**　（74）是一种网络客户端软件，它能显示网页并实现网页之间的超级链接。
　A．操作系统　　　　B．电子邮件　　　C．浏览器　　　　D．WPS

🔑 **试题解析** 网页浏览器常被简称为浏览器，它是一种用于检索并展示万维网信息资源的应用程序。这些信息资源可为网页、图片、影音或其他内容，它们由统一资源标志符标志。信息资源中的超链接可使用户方便地浏览相关信息。

（75）**参考答案**：C

🔑 **试题解析** 在数据库表中，"选择"操作意味着根据某些条件选出所有符合条件的记录。

信息处理技术员机考试卷　第 2 套
应用技术卷参考答案/试题解析

试题一（Word）参考答案/试题解析

参考答案

本题的操作结果如图 2-1-1 所示。

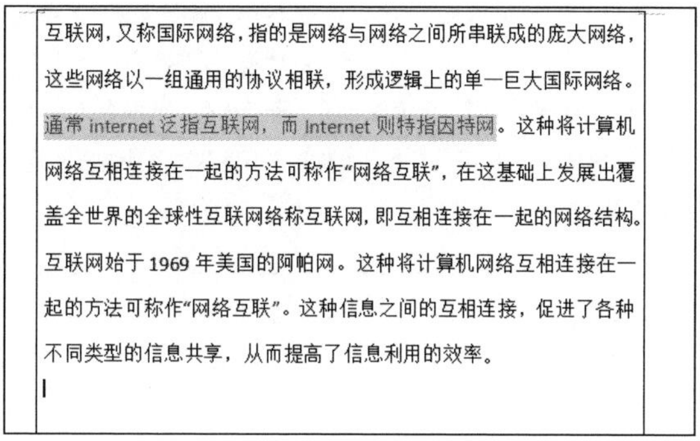

> 互联网,又称国际网络,指的是网络与网络之间所串联成的庞大网络,这些网络以一组通用的协议相联,形成逻辑上的单一巨大国际网络。
> 通常 internet 泛指互联网,而 Internet 则特指因特网。这种将计算机网络互相连接在一起的方法可称作"网络互联",在这基础上发展出覆盖全世界的全球性互联网络称互联网,即互相连接在一起的网络结构。
> 互联网始于 1969 年美国的阿帕网。这种将计算机网络互相连接在一起的方法可称作"网络互联"。这种信息之间的互相连接,促进了各种不同类型的信息共享,从而提高了信息利用的效率。

图 2-1-1

试题解析

1. 录入文字，在"开始"菜单栏中的"字体"功能区中对字体字号进行设置。
2. 全选文字，在"开始"菜单中找到"段落"功能区，单击其中的"边框"设置右侧的箭头，选择最下面的"边框和底纹"，然后在弹出的对话框中选取"方框"，并设置边框宽度为 1.5 磅。
3. 选中正文中的"通常 internet 泛指互联网，而 Internet 则特指因特网"，在"开始"菜单下的"字体"功能区中，对字符底纹进行设置。

试题二（Word）参考答案/试题解析

参考答案

本题的操作结果如图 2-2-1 所示。

试题解析

1. 录入文字，在"开始"菜单中的"字体"功能区中设置字体字号。
2. 选中文本开头的"梅"字，在"插入"菜单中的"文本"功能区中，设置"首字下沉"。
3. 在"设计"菜单中的"页面背景"功能区中，单击"水印"，在弹出的对话框中对水印进行相关设置。

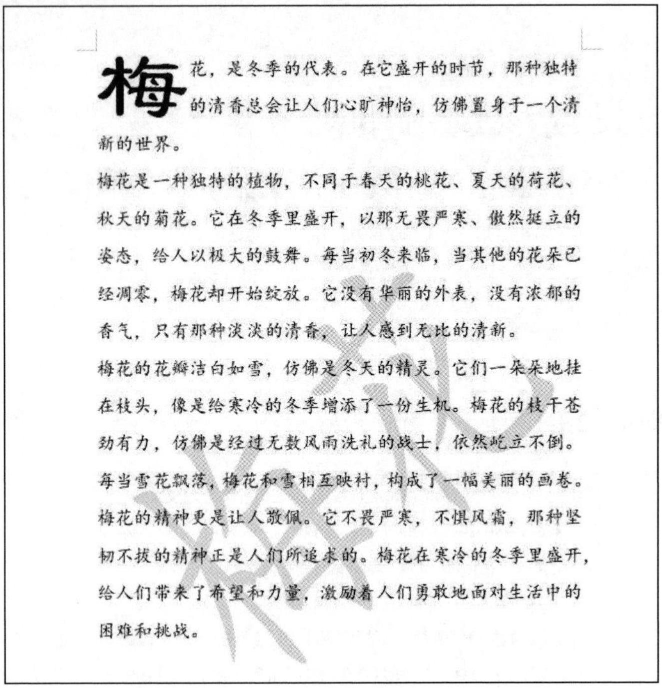

梅花，是冬季的代表。在它盛开的时节，那种独特的清香总会让人们心旷神怡，仿佛置身于一个清新的世界。

梅花是一种独特的植物，不同于春天的桃花、夏天的荷花、秋天的菊花。它在冬季里盛开，以那无畏严寒、傲然挺立的姿态，给人以极大的鼓舞。每当初冬来临，当其他的花朵已经凋零，梅花却开始绽放。它没有华丽的外表，没有浓郁的香气，只有那种淡淡的清香，让人感到无比的清新。

梅花的花瓣洁白如雪，仿佛是冬天的精灵。它们一朵朵地挂在枝头，像是给寒冷的冬季增添了一份生机。梅花的枝干苍劲有力，仿佛是经过无数风雨洗礼的战士，依然屹立不倒。每当雪花飘落，梅花和雪相互映衬，构成了一幅美丽的画卷。

梅花的精神更是让人敬佩。它不畏严寒，不惧风霜，那种坚韧不拔的精神正是人们所追求的。梅花在寒冷的冬季里盛开，给人们带来了希望和力量，激励着人们勇敢地面对生活中的困难和挑战。

图 2-2-1

试题三（Excel）参考答案/试题解析

参考答案

本题的操作结果如图 2-3-1 所示。

	A	B	C	D	E	F	G	H	I
1	跳水测试成绩表								
2	选手	评委1	评委2	评委3	评委4	评委5	最高成绩	最终成绩	是否合格
3	1号	8.5	7	8.5	7.5	9	9	8.17	合格
4	2号	9.5	9.5	9	8.5	8.5	9.5	9.00	合格
5	3号	6.5	7	7.5	6.5	6	7.5	6.67	不合格
6	4号	7	7.5	8	8.5	9	9	8.00	合格
7	5号	5.5	6	5.5	6.5	7	7	6.00	不合格
8	6号	7.5	7.5	8	8	8.5	8.5	7.83	合格
9	7号	9.5	9	9.5	8	9	9.5	9.17	合格
10	合格率								71.43%

图 2-3-1

试题解析

1．在表格中输入内容，在“开始”菜单中的“字体”功能区中对字号、字体进行相关设置。

2．①计算最高成绩：在 G3 单元格中输入“=MAX(B3:F3)”后按 Enter 键，其余选手的最高成绩通过填充手柄进行计算；②计算最终成绩：在 H3 单元格中输入“=(SUM(B3:F3)–MAX(B3:F3)–MIN(B3:F3))/3”后按 Enter 键，其他选手的最终成绩用填充手柄进行计算；③选中所有的最终成绩，

第 2 套

然后单击右键，在快捷菜单中选择“设置单元格格式”命令，对显示格式进行设置。

3. 判断每位选手是否合格：在 I3 单元格中输入“=IF(H3>7,"合格","不合格")”后按 Enter 键，其他选手的合格情况通过填充手柄进行计算。

4. 计算整体的合格率：在 H10 单元格中输入“=COUNTIF(I3:I9,"合格")/COUNTA(I3:I9)”，然后按 Enter 键。计算完成后再选中 H10 单元格，然后单击右键，在快捷菜单中选择“设置单元格格式”命令，对显示格式进行设置。

试题四（Excel）参考答案/试题解析

参考答案

本题的操作结果如图 2-4-1 所示。

	A	B	C	D
1	教练评定表			
2	编号	评分	等级	排名
3	1	7	良	11
4	2	8.2	优	9
5	3	8.5	优	8
6	4	9.1	优	5
7	5	9	优	6
8	6	9.2	优	4
9	7	7.5	良	10
10	8	6.1	良	12
11	9	8.9	优	7
12	10	9.6	优	2
13	11	9.5	优	3
14	12	9.7	优	1
15	平均分	8.525		
16	合格率	75.00%		

图 2-4-1

试题解析

1. 在表格中输入内容，在“开始”菜单中的“字体”功能区中对字号、字体进行设置，在“段落”功能区中对对齐方式进行设置。

2. 计算出各教练的等级：在 C3 单元格中输入“=IF(B3>8,"优","良")”后按 Enter 键，再用填充手柄对其他教练的合格情况进行计算。

3. 计算所有教练的平均分：在 E15 单元格中输入“=AVERAGE(B3:B14)”，然后按 Enter 键。

4. 为各教练进行排名：在 D3 单元格中输入“=RANK(B3,$B$3:$B$14)”后按 Enter 键，其他教练的排名用填充手柄进行计算。

5. 计算出本次合格率：在 E16 单元格中输入“=(COUNTIF(B3:B14,">=8"))/COUNTA(B3:B14)”后按 Enter 键，然后选中 E16 单元格并单击右键，在快捷菜单中选择“设置单元格格式”命令，把该值设置为百分比格式。

试题五（PowerPoint）参考答案/试题解析

参考答案

本题的操作结果如图 2-5-1 所示。

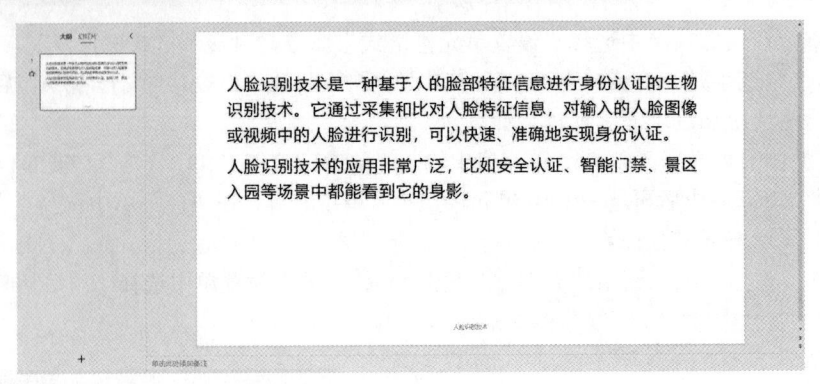

图 2-5-1

试题解析

1．在 PowerPoint 第一页输入要求的内容，并在"开始"菜单中的"字体"功能区中，对字体、字号和颜色进行设置。

2．选中第二段文字，在"动画"菜单栏的"高级动画"功能区中，单击"添加动画"图标下的箭头，从下拉选项中选择"更多进入效果"，从中可设置百叶窗效果。

3．在"插入"菜单中的"文本"功能区中，单击"页眉页脚"，在"页眉和页脚"设置窗口中选中"页脚"，在对话框输入"人脸识别技术"，然后单击"应用于全部"。

试题六（PowerPoint）参考答案/试题解析

参考答案

本题的操作结果如图 2-6-1 所示。

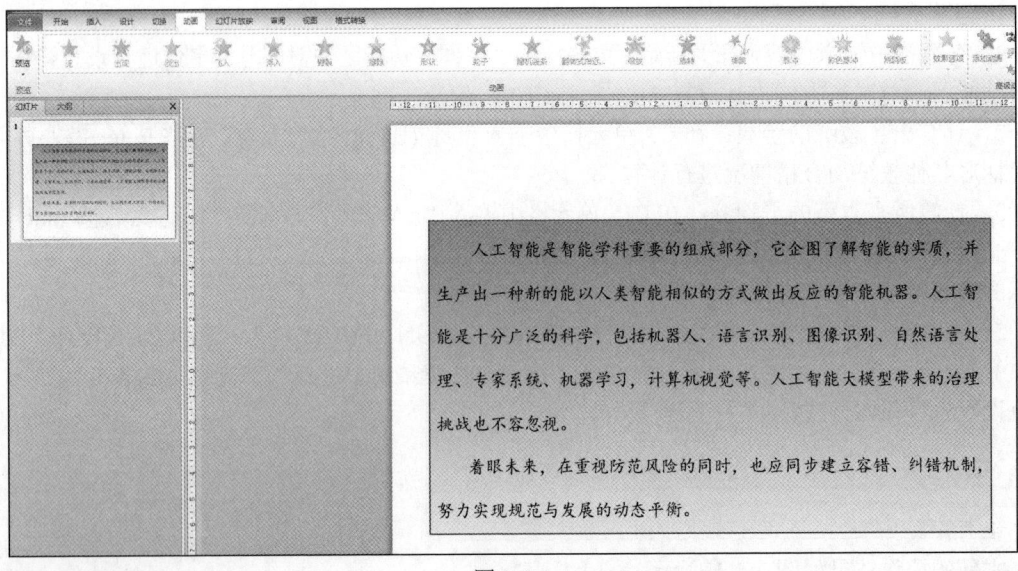

图 2-6-1

试题解析

1. 打开素材 PowerPoint 文件，新建一个空白文稿，按题目内容录入至文本框中，选中文本框内所有内容后，在"开始"菜单下的"字体"工具栏中，对字体、字号和颜色进行设置。

2. 选中文本框内两段文字后，通过"开始"菜单选项中的"段落"格式对话框，特殊格式选择"首行缩进"，行距选择"1.5 倍行距"（图 2-6-2）。

3. 选定文本框边框后右键单击，在弹出的快捷菜单中选择"形状和格式"，在对话框中选择"填充"功能模块，然后选择"渐变填充"，在"预设颜色"的下拉菜单中选择"雨后初晴"，"类型"选择"线性"，其他选项默认不变（图 2-6-3）。

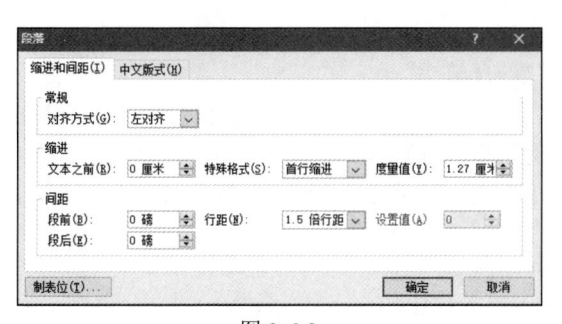

图 2-6-2

图 2-6-3

4. 选择文本框，通过"动画"菜单选项卡选择"飞入"动画效果即可完成设置（图 2-6-4）。

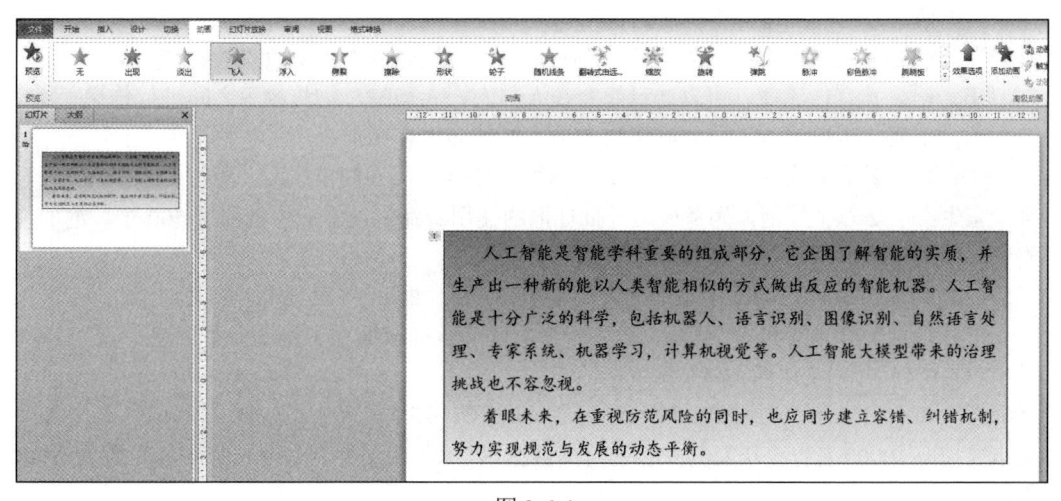

图 2-6-4

信息处理技术员机考试卷　第 3 套
基础知识卷

- 以下 __(1)__ 不属于信息技术的特点。
  (1) A．数字化　　　　　B．智能化　　　　　C．柔性化　　　　　D．价值化
- 下列叙述正确的是 __(2)__ 。
  (2) A．数据是信息的物理形式
  　　B．信息是数据的载体，数据是信息的内涵
  　　C．数据是对各种事物的特征、运动变化的反映
  　　D．大数据指的是富含价值的数据文件
- 以下关于信息化和信息技术的叙述中，不正确的是 __(3)__ 。
  (3) A．信息化从小到大的 5 个层次是产品信息化、企业信息化、产业信息化、国民经济信息化和社会生活信息化
  　　B．信息技术越来越高级，用户的使用越来越复杂
  　　C．信息化是不断运用信息产业改造传统经济与社会结构从而通往理想状态的一段持续过程
  　　D．信息技术是提高和扩展人类信息处理能力的主要方法和手段
- 以下关于信息特性的描述，不正确的是 __(4)__ 。
  (4) A．信息具有客观性，是客观现实的反映，不随人的主观意识而改变
  　　B．信息具有传递性，可以通过媒介在人与人、人与物、物与物等之间进行传递
  　　C．信息具有普遍性，只要有事物的地方，就必然存在信息
  　　D．信息具有完全性，客观事实的信息可全部得到，人们根据需要进行信息获取
- 某厂家生产了 2 万个灯泡，为考察这一批灯泡的使用寿命情况，从中抽取了 500 个灯泡的使用寿命，以下说法正确的是 __(5)__ 。
  (5) A．考察的总体是 500 个灯泡的使用寿命　　B．抽取的个体是每个灯泡
  　　C．抽取的样本容量是 500　　　　　　　　D．抽取的样本是 2 万个灯泡
- 数字{5,6,6,8,12,10,15,18}的方差为 __(6)__ 。
  (6) A．80　　　　　　　B．10　　　　　　　C．15.4　　　　　　D．30.2
- 某市要抽取 10000 名青少年及其家长的身高数据，以判断孩子身高与家长身高之间的关系模式，采用 __(7)__ 最合适。
  (7) A．雷达图　　　　　B．散点图　　　　　C．柱状图　　　　　D．饼图

- 某品牌汽车年销量统计如下图，以下描述不正确的是 (8) 。

某品牌汽车年销量

年份	销量
2017年	106320
2018年	118655
2019年	128908
2020年	119611
2021年	135871
2022年	156316
2023年	181933

（8）A．2022—2023 年的增长幅度最大

　　B．此汽车销量呈现逐年增长的趋势

　　C．在 2020 年出现了销量下滑的现象

　　D．近 6 年来此汽车销量一直维持在 100000 台以上

- 有一条公路总计 2 千米，需要在公路的两侧从起点到终点每间隔 50 米安装一个路灯，相邻路灯之间安装一个广告牌，共需要安装 (9) 。

（9）A．路灯 82 个，广告牌 80 个　　　　B．路灯 82 个，广告牌 82 个

　　C．路灯 42 个，广告牌 40 个　　　　D．路灯 42 个，广告牌 42 个

- 下表为某水厂的出水量，已知 1 月、2 月的出水量是相同的，那么出水量应为 (10) 。

	1月	2月	3月	4月	5月	6月	6个月的平均量
出水量			663	610	393	662	510

（10）A．510　　　　B．366　　　　C．473　　　　D．465

- 某企业 2023 年的销售额比 2022 年的销售额提高了 95%，但是原计划只需要提高 60%，因此该企业的销售额超额完成了计划的 (11) 。

（11）A．30%　　　　B．35%　　　　C．22%　　　　D．58%

- 在 Excel 中，若 A1 单元格的格式为 000.00，在该单元格中输入数值 36.635，按 Enter 键后，则 A1 单元格中的值为 (12) 。

（12）A．36.63　　　　B．36.64　　　　C．036.63　　　　D．036.64

- 下列关于信息存储的叙述中，不正确的是 (13) 。

（13）A．信息存储的目的是便于信息管理者和信息用户快速准确地识别、定位和检索信息

　　B．信息存储是信息在时间上的传递，也是信息得以进一步综合、加工、积累和再生的基础

　　C．信息存储介质主要分为纸质存储和电子存储

　　D．信息存储的资料库面向所有人开放，随时随地存取资料

- 信息处理部门给各类管理者提供信息，以支持各级管理决策。管理者得到的信息不得过于简化，也不得过于烦琐，这体现了信息处理的 (14) 。

  (14) A．准确性　　　　B．适用性　　　　C．经济性　　　　D．安全性

- 在数据收集的过程中要遵循 (15) 、准确性原则、时效性原则、尊重提供者原则。

  (15) A．稳定性原则　　B．系统性原则　　C．全面性原则　　D．实用性原则

- 信息传递的过程中，信息接收者称为 (16) 。

  (16) A．信源　　　　　B．信道　　　　　C．信宿　　　　　D．信宿

- 计算机开机后，主机箱喇叭长鸣，原因可能是 (17) 。

  (17) A．显示器接收不到显卡信号　　　　B．内存条未插好，需要重新插拔内存条

  　　　C．电脑配件质量不佳，需更换显示器　　　D．CIH 病毒导致

- 媒体分为感觉媒体、表示媒体、存储媒体和 (18) 。

  (18) A．传输媒体　　　B．系统媒体　　　C．自媒体　　　　D．新型媒体

- 显示器分辨率调小以后，屏幕上的文字会 (19) 。

  (19) A．不变　　　　　B．变大　　　　　C．变小　　　　　D．大小不变但是清晰度提高

- 打印速度快，分辨率高的打印机是 (20) 。

  (20) A．针式　　　　　B．击打式　　　　C．点阵式　　　　D．激光式

- (21) 可以解决 CPU 与内存之间的速度匹配问题。

  (21) A．RAM　　　　　B．DRAM　　　　　C．ROM　　　　　D．Cache

- 静电对计算机设备危害较大，可以监控机房的 (22) 避免静电出现。

  (22) A．温度　　　　　B．湿度　　　　　C．灰尘　　　　　D．电磁场

- 下列说法错误的是 (23) 。

  (23) A．遇到硬件故障时，需要将所有部件卸下来再重装

  　　　B．人们可通过扫描将纸上的图像输入计算机

  　　　C．购买扫描仪时不需要考虑能扫描的图像类型

  　　　D．计算机采用二进制来处理数据

- (24) 的主要特征是用户脱机使用计算机。

  (24) A．批处理操作系统　　　　　　　　B．分时操作系统

  　　　C．实时操作系统　　　　　　　　　D．分布式操作系统

- 下列属于人工智能应用的是 (25) 。

  (25) A．程序设计　　　B．指纹识别　　　C．社区聊天　　　D．数据统计

- 软件版本不断更新最重要的动力是 (26) 。

  (26) A．防止盗版　　　B．用户的反馈意见　C．硬件升级　　　D．软件技术的进步

- 计算机操作系统的主要功能是 (27) 。

  (27) A．实现网络联接　　　　　　　　　B．管理系统所有的软、硬件资源

  　　　C．把源程序转换为目标程序　　　　D．进行数据处理

- 用高级语言编写的程序为 (28) 。

  (28) A．目标程序　　　B．可执行程序　　C．源程序　　　　D．编译程序

- 在 Windows 7 中，___(29)___ 快捷键可切换当前窗口或程序。
    (29) A．Alt+Tab　　　　B．Ctrl+Tab　　　　C．Alt+A　　　　D．Ctrl+Alt
- 下列说法错误的是___(30)___。
    (30) A．主文件名最长可以使用 255 个字符
        B．常见的文件压缩格式有.zip 或.rar
        C．压缩文件的优点是可减少存储所占的空间
        D．Windows 操作系统对文件名中字母的使用必须要小写
- 下列___(31)___符号在文件名中不允许使用。
    (31) A．"-"　　　　B．"."　　　　C．">"　　　　D．"( )"
- Windows 7 系统中的图标主要有 3 种：文件或文件夹、___(32)___、快捷方式。
    (32) A．控制面板　　　B．搜索栏　　　C．系统功能　　　D．任务栏
- 以下关于批处理操作系统的说法，错误的是___(33)___。
    (33) A．由单道批处理系统和多道批处理系统组成
        B．单道批处理系统一次可处理多个作业
        C．不需人工干预，可进行批量处理
        D．单道批处理系统又称为简单批处理系统
- 以下关于网络操作系统的说法，错误的是___(34)___。
    (34) A．网络操作系统是通常运行在服务器上的操作系统
        B．是基于计算机网络，在各种计算机操作系统上按网络体系结构协议标准开发的软件
        C．其目标是相互通信及资源共享
        D．其主要的特点是系统内核小、专用性强、多任务、高实时性、系统精简、需要开发工具和环境
- 在 Windows 7 中，___(35)___主要用于搜索计算机中的各种文件。
    (35) A．地址栏　　　B．搜索栏　　　C．工具栏　　　D．导航窗格
- 下列___(36)___不符合文件命名规范。
    (36) A．最长可以使用 255 个字符　　　B．可使用扩展名，扩展名用来表示文件类型
        C．不区分字母大小写　　　　　　D．不可以有空格
- ___(37)___是计算机网络中面向用户的部分，负责全网络面向应用的数据处理工作。
    (37) A．资源子网　　　B．通信子网　　　C．通信协议　　　D．数据通信
- 下列___(38)___不属于有线传输介质。
    (38) A．同轴电缆　　　B．双绞线　　　C．光纤　　　D．微波
- 下列网站___(39)___属于教育机构网站。
    (39) A．www.×××××.com　　　　B．www.×××××.gov.cn
        C．www.×××××.org.cn　　　D．www.×××××.edu.cn
- DNS 是___(40)___。
    (40) A．统一资源定位符　　　　B．超文本传输协议
        C．域名系统　　　　　　　D．程序设计语言

- 以下说法错误的是__(41)__。

    (41) A．在十六进制记法中，允许把数字前面的 0 省略

    　　　B．IPv6 中 IP 地址的长度为 128 位，即最大地址数为 2^{128}

    　　　C．与 IPv6 相比，IPv4 使用更小的路由表

    　　　D．与 IPv4 相比，IPv6 具有更高的安全性

- __(42)__ 的主要功能是对接收到的信号进行再生整形放大，以扩大网络的传输距离，同时把所有节点集中在以它为中心的节点上。

    (42) A．集线器　　　　B．交换机　　　　C．路由器　　　　D．网卡

- __(43)__ 能在复杂的互联网络中为经过该设备的每个信息单元，寻找一条最佳传输路径，并将其有效地转到目的节点。

    (43) A．集线器　　　　B．交换机　　　　C．路由器　　　　D．网卡

- 在 Word 2010 中，按住 __(44)__ 的同时可以选中矩形文本块。

    (44) A．Shift　　　　B．Ctrl　　　　C．Alt　　　　D．Tab

- 下列关于 Word 文字编辑的叙述中，错误的是 __(45)__ 。

    (45) A．按一下 Backspace 键可删除整个段落的内容

    　　　B．在选定栏中快速三击可以选定整篇文档

    　　　C．通过工具栏可以快速执行使用频率最高的菜单指令

    　　　D．缩进功能用来控制文本两端和文本编辑区边沿的距离

- 下列关于 Word 打印，说法错误的是 __(46)__ 。

    (46) A．在打印之前可使用打印预览查看打印效果

    　　　B．在打印预览页面可以设置页边距

    　　　C．在打印前可设置指定页面打印

    　　　D．不可以单独选择打印页码

- 在 Word 文档中，可使用 __(47)__ 按钮将图片设置为"衬于文字下方"。

    (47) A．填充　　　　B．裁剪　　　　C．环绕方式　　　　D．效果

- 对于新建的 Word 文档第一次存盘时，系统会弹出 __(48)__ 对话框。

    (48) A．保存　　　　B．另存为　　　　C．是否保存　　　　D．已保存

- 在 Word 2007 的"页面"设置对话框中，不能进行 __(49)__ 操作。

    (49) A．页面边框　　　　B．页面背景　　　　C．封面　　　　D．导航窗格

- 在 Word 2007 中可在 __(50)__ 按钮中设置行距。

    (50) A．开始　　　　B．页面　　　　C．段落　　　　D．字体

- 若有文档共 200 页，只需要打印第 11~15 页和第 20 页，则需在打印前对话框中输入 __(51)__ 。

    (51) A．11,15,20　　　　B．11,15-20　　　　C．11-15,20　　　　D．11,15,20-

- 在 WPS 中，使用 __(52)__ 可设置"字体""字号""粗体"。

    (52) A．"开始"工具栏　　　B．菜单栏　　　C．常用工具栏　　　D．页面工具栏

- 在 Word 中，通过拖动鼠标可以移动 __(53)__ 。

    (53) A．光标　　　　B．选中的文字　　　　C．段落　　　　D．工具栏

- 在 Excel 中，在单元格输入公式时都以 (54) 开始。
  (54) A．=   B．""   C．：   D．[ ]
- 在 Excel 中，工作表的列标用 (55) 表示。
  (55) A．1，2，3，…   B．A，B，C，…   C．I，II，III，…   D．甲，乙，丙，…
- 在 Excel 中，工作表的行标用 (56) 表示。
  (56) A．1，2，3，…   B．A，B，C，…   C．I，II，III，…   D．甲，乙，丙，…
- 在 Excel 中，若将单元格 G7 中的函数 "=SUM($E$8:$F$8)" 复制到 D11 单元格内，那么 D11 单元格内的公式为 (57) 。
  (57) A．=SUM($E$8:$F$8)   B．=SUM(E8:F8)
       C．=SUM($G$11:$G$8)   D．=SUM(G11:F8)
- 在 Excel 函数中， (58) 函数可以对数值进行四舍五入。
  (58) A．SUMIF   B．ROUND   C．INT   D．POWER
- 在 Excel 中，函数 ABS 的功能是 (59) 。
  (59) A．求出相应数字的绝对值   B．计算包含数字的单元格个数
       C．计算所有参数的乘积   D．求出数据区域中的众数
- 下列关于 Excel 函数的说法，错误的是 (60) 。
  (60) A．IF 函数判断是否满足某个条件
       B．若对满足条件的单元格求和，则用 SUM 函数
       C．LEN 函数可统计文本字符串中字符数目
       D．函数公式可以在单元格输入，也可在编辑栏输入
- 在电子表格中，下列计算公式属于混合引用的是 (61) 。
  (61) A．=B5+B6   B．=$B$5+B6   C．=B5+$B6   D．B$5+B$6
- 在 Excel 中，若 D2 单元格中的值为 50，D6 单元格中的值为 52，在 D1 单元格内输入函数 "=IF(D2>D6,"1","2 ")"，按 Enter 键后 D1 单元格显示的值为 (62) 。
  (62) A．1   B．2   C．FALSE   D．TRUE
- 在 Excel 中，若在 A1 单元格中输入函数 "=sum(5,8,12)"，按 Enter 键后，A1 单元格值为 (63) 。
  (63) A．12   B．5   C．15   D．25
- 下列 (64) 不属于母版的类型。
  (64) A．幻灯片母版   B．字符母版   C．讲义母版   D．备注母版
- 若幻灯片上插入的图片盖住了文字，可选中图片后使用右键快捷菜单中的 (65) 命令来进行调整。
  (65) A．设置图片格式   B．叠放次序   C．提取与转换   D．设计图片
- 在 PowerPoint 中， (66) 上不可以设置为超链接。
  (66) A．文本   B．背景图   C．图片   D．剪贴画
- (67) 主要包括备份与恢复、病毒的检测与消除、电磁兼容等，用来保证计算机能在良好的环境里持续工作。
  (67) A．实体安全   B．运行安全   C．信息资产安全   D．人员安全

- 一般的国家秘密，泄露会使国家的安全和利益遭受损害"，这在涉密信息等级划分中属于 __(68)__ 。

    (68) A．绝密　　　　B．机密　　　　C．秘密　　　　D．保密
- 根据病毒的类型，__(69)__ 直接感染操作系统，会导致系统瘫痪或崩溃，危害性较大。

    (69) A．源码型病毒　　B．入侵型病毒　　C．操作系统型病毒　　D．外壳型病毒
- __(70)__ 主要包括环境安全、设备安全和媒体安全，它用来保证硬件和软件本身的安全，也是防止对信息威胁和攻击的基础。

    (70) A．实体安全　　B．运行安全　　C．信息资产安全　　D．人员安全
- 在我国，对下列知识产权保护类型的保护期限最长的是 __(71)__ 。

    (71) A．发明专利　　B．外观设计专利　　C．实用新型专利　　D．公民作品发表权
- The first thing to evaluate the performance of a mainboard is to look at its __(72)__ .

    (72) A．CPU　　　　B．chipset　　　　C．graphics card　　　　D．RAM
- Cloud computing is the development and application of __(73)__ technology.

    (73) A．parallel computing　　　　B．network computing

    　　　C．distributed computing　　　D．All of the above are
- 下列选项中 __(74)__ 不属于常用数据模型。

    (74) A．层次模型　　B．网络模型　　C．关系模型　　D．瀑布模型
- 下列选项中 __(75)__ 不是 Access 系统数据库对象。

    (75) A．表　　　　B．查询　　　　C．视图　　　　D．窗体

信息处理技术员机考试卷　第3套
应用技术卷

试题一（Word）

【说明】用 Word 录入文字，并按要求完成操作。

黄河是位于中国北方地区的一条大河，属世界长河之一，也是中国第二长河。黄河的名字来源于其河水中的大量泥沙，使其呈现出黄色。这些泥沙主要来自于黄土高原，该地区的土质疏松，容易受到侵蚀，每逢暴雨冲刷，就会流失大量水土，最终汇入黄河。

黄河发源于青藏高原的巴颜喀拉山北麓，自西向东流经青海、四川、甘肃、宁夏、内蒙古、山西、陕西、河南及山东九个省（自治区），最后流入渤海。黄河的流域面积广阔，约 752443 平方公里或 79.5 万平方公里（含内流区面积 4.2 万平方公里），其流域内包括了多种地形地貌，中上游以山地为主，中下游则以平原、丘陵为主。

【要求】

1. 在 Word 中录入材料，字体为楷体，字号为三号。
2. 在材料最后一段录入文字："黄河流域的气候特征为冬季寒冷干燥，夏季炎热多雨，春秋短暂而温差大。降水量小且集中在夏秋季节，这导致流域内以旱地农业为主。黄河的水资源对于流域内的农业生产和人类生活都至关重要。"字体为楷体，字号为三号并加下划线。
3. 将文中数字加粗，设置颜色为标准色红色。
4. 设置文档页边距上、下为 2.5，左、右为 3，纸张大小为 A4。

试题二（Word）

【说明】在 Word 中插入下列表格，并按要求完成操作。

产品名称	单价/（元/公斤）	销售数量/公斤	总收入/元
苹果	5	12	
菠萝	6	20	
草莓	15	6	
香橙	4.5	17	
葡萄	8	22	

【要求】

1. 在 Word 中插入表格，字体为宋体，字号为四号，居中。

2．利用函数计算出各产品的总收入。

3．将表格内的总收入超过 100 元的标红。

4．将表格中"单价"一列设置边框为方框，标准色为蓝色，2.25 磅。

试题三（Excel）

【说明】在 Excel 中输入下列数据，并按要求进行操作。

	A	B	C	D	E	F
1	某电商平台销售数据					
2	产品	第一季度	第二季度	第三季度	合计	占比
3	家居用品	79675	70870	88121		
4	电子产品	89766	67868	97210		
5	服装鞋帽	39678	50921	39802		
6	美妆个护	67869	97109	90211		
7	合计					

【要求】

1．将表格字体设置为宋体，大小为 16 磅，居中，表格横线可视化。

2．计算出各产品的总销售额。

3．计算三个季度以来各产品销售额占总额的比例，保留 2 位小数。

4．在表格中插入各产品占比的饼图，图表标题为"销售数据占比"。

试题四（Excel）

【说明】在 Excel 中输入如下图所示的内容，并按要求进行操作。

	A	B	C	D	E
1	优秀班干部评定表				
2	成员	学习成绩	量化分	教师及同学评价	综合成绩
3	A同学	80	90	88	
4	B同学	87	80	90	
5	C同学	90	87	85	
6	D同学	95	85	92	
7	E同学	82	89	90	
8	F同学	88	86	89	
9	平均成绩				
10	大于等于85分的人数				

【要求】

1．表格要有可视的边框，表中文字设置为宋体，大小为 18 磅，居中。

2．计算综合成绩：综合成绩=学习成绩×50%+量化分×30%+教师及同学评价×20%，保留 2 位小数。

3．用函数计算平均成绩，保留 2 位小数。

4．用函数计算大于等于 85 分的人数。

试题五（PowerPoint）

【说明】根据系统提供的资料，按要求完成操作。

标题：产品发布会

文字内容如下：

1．屏幕升级：许多新款笔记本电脑都配备了高分辨率和高刷新率的屏幕，如 OLED 屏幕，分辨率高达 2.8K，刷新率高达 120Hz。

2．外观设计：新款笔记本电脑在外观设计上也有所创新，如采用全金属精工机身，简约的几何元素让整体造型更加时尚大气。

3．处理器升级：新款笔记本电脑在处理器方面也有所升级，如应用运行、大数据处理、视频剪辑等，都能够提供更快的运行速度和更低的功耗。

【要求】

1．在幻灯片第一页标题页输入"产品发布会"，设置字体为宋体，字号大小为 80 磅。

2．添加第二页内容页，将第二段文字动画效果设置为"飞入"，第三段文字动画效果为"百叶窗"。

3．为第二张幻灯片添加切换效果：线条。

试题六（PowerPoint）

【说明】根据系统提供的资料，按要求完成操作。

内容：

网络安全，通常指计算机网络的安全，实际上也可以指计算机通信网络的安全。计算机通信网络是将若干台具有独立功能的计算机通过通信设备及传输媒体互连起来，在通信软件的支持下，实现计算机间的信息传输与交换的系统。而计算机网络是指以共享资源为目的，利用通信手段把地域上相对分散的若干独立的计算机系统、终端设备和数据设备连接起来，并在协议的控制下进行数据交换的系统。计算机网络的根本目的在于资源共享，通信网络是实现网络资源共享的途径。计算机网络是安全的，相应的计算机通信网络也必须是安全的，应该能为网络用户实现信息交换与资源共享。

【要求】

1．在新建的空白幻灯片中，将题目给定的内容录入，格式设置要求：首行缩进、行间距为 1.5 倍、文字全部为黑色、20 磅、黑体。

2．将最后一句话设置为蓝色、加粗和下划线的字体格式。

3．在内容文本框上方区域设置一个内容为"网络安全简介"的标题，格式要求：28 磅、黑体、红色、加粗、下划线，并将标题和正文的位置和间隔调整至适当位置以便于直观阅读。

4．为标题添加红色、实线标题框，将标题区用"小纸屑"图案进行填充，背景色为"浅绿"，前景色为"白色"。

5．为幻灯片设置以下背景格式：橙色、强调文字颜色。

6．淡色 80%，透明度为 0%。

信息处理技术员机考试卷 第3套
基础知识卷参考答案/试题解析

（1）**参考答案**：D

试题解析 信息技术的特点：数字化、高速、大容量化、智能化、综合、网络化、柔性化。

（2）**参考答案**：A

试题解析 "数据是信息的载体，信息是数据的内涵"；"信息是客观世界各种事物变化和特征的反映"；大数据具有价值密度低的特点。

（3）**参考答案**：B

试题解析 信息技术的发展会使用户的使用更加简单方便，比如从命令语言界面到图形用户界面、多媒体用户界面、多通道用户界面、虚拟现实用户界面的发展，使用户的操作越来越方便、直观。

（4）**参考答案**：D

试题解析 信息具有不完全性，客观事实的信息不可能全部得到，所以要根据需要和可能来获取信息。

（5）**参考答案**：C

试题解析 本题目中，考察的总体是2万个灯泡的使用寿命，个体是每个灯泡的使用寿命，样本是抽取的500个灯泡的使用寿命，样本容量就是样本的数目500。

（6）**参考答案**：C

试题解析 方差$=\frac{1}{n}[(X_1-X)^2+(X_2-X)^2+...+(X_n-X)^2]$，其中$X_1$，$X_2$等代表每个样本的值，$X$代表平均数，代入公式得15.4。

（7）**参考答案**：B

试题解析 雷达图适用于对象全局性、整体性的评价。散点图适用于两个数据指标之间的线性关系。柱状图适用于对不同对象的同一指标或不同指标的对比。饼状图适用于体现部分占整体的比例。

（8）**参考答案**：B

试题解析 根据图表，在2020年销量出现下滑。

（9）**参考答案**：A

试题解析 根据题意可得，2千米=2000米，每间隔50米安装1个路灯，则公路一侧安装的数量为：2000/50=40个，加上起点的1个为40+1=41个，两侧即为41×2=82个。广告牌的数量为40×2=80个。

（10）**参考答案**：B

☛**试题解析**　设 1 月出水量为 x，那么 $(2x+663+610+393+662)/6=510$，解得 $x=366$。

（11）**参考答案**：C

☛**试题解析**　设 2022 年的销售额为 x，那么 2023 年的销售额为 $1.95x$，计划销售额为 $1.6x$，可得 $(1.95x–1.6x)/1.6x=22\%$。

（12）**参考答案**：D

☛**试题解析**　格式 000.00 属于 Excel 中的自定义格式，其含义是小数点前占 3 位（多于 3 位时显示实际值，少于 3 位时前面补 0），小数点后占 2 位（多于 2 位时四舍五入，少于两位时后面补 0）。因此 36.635 计算后的结果为 036.64。

（13）**参考答案**：D

☛**试题解析**　信息存储不仅要求存储量大，处理速度快，还要求安全。很多信息存储的资料库不是任何人都可以随便存取的。

（14）**参考答案**：B

☛**试题解析**　现代企业对信息处理的要求可归结为及时、准确、适用、经济和安全五个方面。

及时有两方面的意义：一是及时获取、及时产生；二是加工、检索和传输信息要迅速。

准确有三点含义：一是原始信息的收集要准确；二是信息的存储、加工和传输必须可靠；三是信息处理力求规范化、标准化。

适用是指信息处理部门必须给各类管理者提供适用的信息，以支持各级管理决策。如果管理者得到的信息不适用或过于简化，或过于烦琐，都会影响决策过程的效率和决策的质量。

经济是指在满足管理决策所必需的信息处理内容与要求的前提下，应采用尽可能节省成本的方法和手段，提高信息的利用率和管理者识别、利用信息的水平。

安全是指信息处理全过程必须确保信息安全。

（15）**参考答案**：C

☛**试题解析**　数据收集的原则包括全面性原则、准确性原则、时效性原则、尊重提供者原则。

（16）**参考答案**：D

☛**试题解析**　信息传递的三个基本环节为：信源、信道和信宿。信源是信息的发送者，信道是信息的传播者，信宿是信息的接收者。

（17）**参考答案**：B

☛**试题解析**　计算机喇叭长鸣的故障原因可能是因为内存条没有插好，可以尝试重新插拔内存条。

（18）**参考答案**：A

☛**试题解析**　多媒体分为感觉媒体（如引起听觉和视觉反映的声音和图像等）、表示媒体（如图像编码、文本编码和声音编码等）、表现媒体（信息输入媒体，如键盘、鼠标、光笔、扫描仪、摄像机、话筒等；信息输出媒体，如显示器、打印机、喇叭等）、存储媒体（如硬盘、光盘、移动磁盘等）、传输媒体（如电话线、双绞线、同轴电缆、光纤、微波、红外线等）。

（19）**参考答案**：B

💡**试题解析** 显示器的分辨率是指单位宽度内横向和纵向可显示的像素数目。分辨率调小时屏幕上的文字显示会变大。

（20）参考答案：D

💡**试题解析** 激光式打印机打印的速度比较快、分辨率比较高。

（21）参考答案：D

💡**试题解析** CPU 处理速度快，而主存存取数据的速度慢，为此在 CPU 中设置了高速的缓存 Cache（容量小、价格高），将最近常用的数据放在 Cache 中，以提高总体的处理速度，又尽量节省成本。

（22）参考答案：B

💡**试题解析** 如果机房湿度太低，过于干燥，则容易引起静电，击穿集成电路板。

（23）参考答案：A

💡**试题解析** 遇到硬件故障时，一般都会先检查各部件的接插是否松动，再根据故障现象和显示的信息，查阅有关的资料，或咨询专业人士。

（24）参考答案：A

💡**试题解析** 批处理操作系统的主要特征是用户脱机使用计算机。

（25）参考答案：B

💡**试题解析** 指纹识别属于图像识别，由于识别对象的模糊性和不完全性，不能依靠全同比较来识别，这就需要智能算法。

（26）参考答案：B

💡**试题解析** 软件版本不断更新最重要的动力是用户的反馈意见，根据用户的意见增加新的功能，修改原来的界面，改善原来的功能和性能。一成不变的软件是没有生命力的。

（27）参考答案：B

💡**试题解析** 操作系统的主要功能包括资源管理、程序控制和人机交互等。计算机的资源可分为设备资源和信息资源两大类，设备资源是指组成计算机的软硬件资源，信息资源是指存放于计算机内的各种数据。

（28）参考答案：C

💡**试题解析** 用高级语言编写的程序称为源程序。

（29）参考答案：A

💡**试题解析** Alt+Tab 快捷键可切换当前窗口或程序。

（30）参考答案：D

💡**试题解析** Windows 操作系统对文件名中字母的大小写在显示时有不同，但在使用时不区分大小写。

（31）参考答案：C

💡**试题解析** 文件名不允许使用的字符有（英文输入法状态）<>/|\:"。

（32）参考答案：C

💡**试题解析** 在 Windows 7 系统中，图标主要有 3 种：文件或文件夹、系统功能、快捷方式。

基础知识卷参考答案/试题解析 第3套

（33）**参考答案**：B

🔑**试题解析** 单道批处理系统用户一次可以提交多个作业，但系统一次只处理一个作业，处理完一个作业后，再调入下一个作业进行处理。这些调度、切换由系统自动完成，不需人工干预。

（34）**参考答案**：D

🔑**试题解析** "系统内核小、专用性强、多任务、高实时性、系统精简、需要开发工具和环境"描述的是嵌入式操作系统的特点。

（35）**参考答案**：B

🔑**试题解析** Windows 7 窗口中，地址栏用来显示当前窗口地址，也可从中输入文件或文件夹的路径或单击右侧的下拉按钮在弹出的列表中选择路径，以改变窗口的显示内容。搜索栏主要是用于搜索计算机中的各种文件。工具栏给用户提供了一些基本的工具和菜单任务。导航窗格位于窗口的左侧，它提供了文件夹列表，并且以树结构显示给用户，帮助用户迅速定位所需的目标。窗口主体在窗口的右侧，它显示窗口中的主要内容，例如不同的文件夹和磁盘驱动等。详细信息窗格用于显示当前操作的状态即提示信息，或者当前用户选定对象的详细信息。

（36）**参考答案**：D

🔑**试题解析** 在早期的 DOS 操作系统中，主文件名由 1~8 个字符组成，扩展名由 1~3 个字符组成，而在 Windows 操作系统中允许使用长文件名，其主要命名规则如下：主文件名最长可以使用 255 个字符；可使用扩展名，扩展名用来表示文件类型，也可以使用多间隔符的扩展名，此时其文件类型由最后一个扩展名决定；文件名中允许使用空格，但不允许使用下列字符（英文输入法状态）：< > /|\:"*?。

（37）**参考答案**：A

🔑**试题解析** 计算机网络通常由 3 部分组成，分别是资源子网、通信子网和通信协议。通信子网就是计算机网络中负责数据通信的部分；资源子网是计算机网络中面向用户的部分，负责全网络面向应用的数据处理工作；通信协议是通信双方必须共同遵守的规则和约定，协议包括三要素：语法（即用来规定信息的格式）、语义（用来说明通信双方应当怎么做）、时序（即详细说明事件的先后顺序）。

（38）**参考答案**：D

🔑**试题解析** 略。

（39）**参考答案**：D

🔑**试题解析** 以 www.×××××.edu.cn 为例，整体上该字符串称为"域名"，其中 www 表示网络名（即万维网），×××××是主机名，edu 是该域名的后缀，不同的后缀代表不同的含义（edu 表示教育机构，com 表示商业机构，org 表示非营利组织，gov 表示政府机构），cn 是最高域名（表示中国）。

（40）**参考答案**：C

🔑**试题解析** 域名系统（Domain Name System）是因特网使用的命名系统，用来把便于人们使用的机器名字转换为 IP 地址。将域名映射为 IP 地址的过程称为域名解析，由专门的域名解析服务器来完成这个过程。

（41）**参考答案**：C

✎**试题解析** 相比 IPv4，IPv6 具有以下优势：IPv6 具有更大的地址空间，IPv6 中 IP 地址的长度为 128 位，即最大地址数为 2^{128}；IPv6 由于具有聚类功能，因此其路由表更小，提高了路由器转发数据包的速度；IPv6 具有更高的安全性，在使用 IPv6 的网络中，用户可以对网络层的数据进行加密并对 IP 报文进行校验，在 IPv6 中的加密与鉴别选项提供了分组的保密性与完整性，极大地增强了网络的安全；IPv6 协议允许扩充。

（42）**参考答案**：A

✎**试题解析** 集线器（Hub）的主要功能是对接收到的信号进行再生整形放大，以扩大网络的传输距离，同时把所有节点集中在以它为中心的节点上。Hub 工作于 OSI 参考模型的最低层即物理层，集线器与网卡、网线等传输介质一样，属于局域网中的基础设备，采用 CSMA/CD（即带冲突检测的载波监听多路访问技术）介质访问控制机制。

（43）**参考答案**：C

✎**试题解析** 路由器（Router）能在复杂的互联网络中为经过该设备的每个信息单元，寻找一条最佳传输路径，并将其有效地转到目的节点。路由器具有判断网络地址和选择连接路径的功能，从而能大大提高通信速度，提高网络系统畅通率。

（44）**参考答案**：C

✎**试题解析** 在 Word 2010 中，按住 Alt 键的同时可以选中矩形文本块。

（45）**参考答案**：A

✎**试题解析** 每按一次 Backspace 键将删除插入点之前的一个字符，而不是删除整个段落。

（46）**参考答案**：D

✎**试题解析** 在打印前可单独设置需要打印的页码，包括任意页打印、奇偶页打印、双面打印等。

（47）**参考答案**：C

✎**试题解析** 在"布局"菜单中的"排列"功能区，可对图片在文件中的排列方式进行设置。

（48）**参考答案**：B

✎**试题解析** 用 Word 软件新建文档第一次存盘时无论使用"保存"还是"另存为"命令，系统都会弹出"另存为"对话框。

（49）**参考答案**：D

✎**试题解析** 导航窗格在"视图"菜单中的"视图"功能区进行设置。

（50）**参考答案**：C

✎**试题解析** 在 Word 2007 中可在"段落"按钮中设置行距。

（51）**参考答案**：C

✎**试题解析** 如果打印不连续的几页，可输入逗号分隔不连续的页码；如果打印某一范围的连续几页，可按"起始页码-终止页码"的格式输入，比如打印第 11～15 页，可输入 11-15。

（52）**参考答案**：A

✎**试题解析** 对文字格式进行设置的功能区位于"开始"工具栏之下。

（53）**参考答案**：B

⚑试题解析　在 Word 中，通过单击鼠标可以选择光标的位置，拖动鼠标可选中文字，也可以移动选中的文字。

（54）参考答案：A

⚑试题解析　公式可直接在单元格中输入，也可在编辑栏中输入，但都以等号"="开始，其后才是表达式。

（55）参考答案：B

⚑试题解析　在 Excel 中，工作表的列标用 A，B，C，…表示。

（56）参考答案：A

⚑试题解析　在 Excel 中，工作表的行标用 1，2，3，…表示。

（57）参考答案：A

⚑试题解析　绝对引用指公式和函数中的单元格地址是固定不变的，使用时无论公式被复制到哪个单元格，公式所引用的单元格都固定不变。使用绝对引用是通过在行号和列标前分别加上符号"\$"，如:\$D\$3 表示单元格 D3 的绝对引用，而\$D\$2:\$F\$7 表示单元格区域 D2:F7 的绝对引用。

（58）参考答案：B

⚑试题解析　ROUND 函数可以对数值进行四舍五入；SUMIF 函数对满足条件的单元格求和；INT 函数的功能是向下取整（与取整数部分含义不同，如–1.23 向下取整的结果是–2 而不是–1）；POWER 函数是乘方运算函数。

（59）参考答案：A

⚑试题解析　函数 ABS 的功能是求出相应数字的绝对值；计算包含数字的单元格个数的函数为 COUNT；计算所有参数的乘积的函数为 PRODUCT；求出数据区域中的众数（即出现频率最高的数）的函数为 MODE。

（60）参考答案：B

⚑试题解析　对满足条件的单元格求和，需要用 SUMIF 函数。

（61）参考答案：D

⚑试题解析　相对引用是指公式在复制或移动时，Excel 会根据移动的位置自动调节公式中引用单元格的地址。绝对引用是指公式和函数中的单元格地址是固定不变的，使用时无论公式被复制到哪个单元格，公式的结果都固定不变。绝对引用需要在行号或列号前加"\$"符号。混合引用是指单元格地址的行号或列号前加上符号，当公式单元格因为复制或插入引起行列变化时，公式的相对地址部分会随位置变化，而绝对地址部分仍保持不变。

（62）参考答案：B

⚑试题解析　函数 IF(D2>D6,"1","2")的含义为如果 D2 单元格的值大于 D6 单元格的值，则输出 1，否则输出 2，因此选 B。

（63）参考答案：D

⚑试题解析　函数 sum(5,8,12)的含义为计算 5+8+12 的值，计算结果为 25。

（64）参考答案：B

⚑试题解析　母版包括 3 种类型，分别是幻灯片母版、讲义母版和备注母版。幻灯片母版用于存储与模板信息有关的设计模板，这些模板信息包括字形、占位符大小和位置、背景设计和配色方案等。讲义母版是为了方便演讲者在演讲演示文稿时使用的纸稿，纸稿中显示了每张幻灯片的要点内容。备注母版是指演讲者在幻灯片下方输入的内容，根据需要可将这些内容打印出来。

（65）**参考答案**：B

💡**试题解析** 如果多个对象放的位置有覆盖时，可以用右键快捷菜单中的"叠放次序"命令来调整各个对象的相对前后次序。

（66）**参考答案**：B

💡**试题解析** 在演示文稿中文字、图片等各种对象都可以设置为超链接，但背景图除外。

（67）**参考答案**：B

💡**试题解析** 实体安全主要包括环境安全、设备安全和媒体安全，用来保证硬件和软件本身的安全，也是防止对信息威胁和攻击的基础。运行安全主要包括备份与恢复、病毒的检测与消除、电磁兼容等，用来保证计算机能在良好的环境里持续工作。信息资产安全主要包括确保计算机信息系统资源和信息资源不受自然和人为有害因素的威胁和危害。人员安全主要包括人的基本安全素质（如安全知识、安全技能、安全意识等）和人的深层安全素质（如情感、认知、伦理、道德、良心、意志、安全观念、安全态度等）。

（68）**参考答案**：C

💡**试题解析** 《中华人民共和国保守国家秘密法》将涉密信息等级分为"绝密""机密""秘密"三级。绝密是最重要的国家秘密，泄露会使国家的安全和利益遭受特别严重的损害。机密是重要的国家秘密，泄露会使国家的安全和利益遭受严重的损害。秘密是一般的国家秘密，泄露会使国家的安全和利益遭受损害。

（69）**参考答案**：C

💡**试题解析** 操作系统型病毒可用其自身部分替代或加入操作系统的部分功能，这类病毒直接感染操作系统，会导致系统瘫痪或崩溃，危害性较大。

（70）**参考答案**：A

💡**试题解析** 参考第67题解析。

（71）**参考答案**：D

💡**试题解析** 知识产权中商标权的保护期限为10年，可以续展，续展一次为10年。发明专利权的期限为20年。实用新型专利权的期限为10年，外观设计专利权的期限为15年。著作权的保护期限一般为50年，发表权归属于著作权。

（72）**参考答案**：B

📖**参考译文** 评估主板的性能首先是要看其___（72）___。

A．CPU   B．芯片组   C．显卡   D．内存

💡**试题解析** 主板的核心是主板芯片组，它决定了主板的规格、性能和大致功能。平常说的865PE主板指的就是主板芯片组。

（73）**参考答案**：D

📖**参考译文** 云计算是对___（73）___技术的发展与应用。

A．并行计算　　　　　　B．网络计算　　　　　C．分布式计算　　　　D．以上都是

🔑 **试题解析**　选项 A、B、C 都正确，因此选 D。

（74）**参考答案**：D

🔑 **试题解析**　最常用的数据结构模型有 4 种：层次模型（用树型结构表示实体及其之间的联系）；网络模型（用网状结构表示实体及其之间的联系）；关系模型（用二维表结构来表示实体及其之间的联系）；面向对象数据模型（用对象、类型、继承和方法等基本面向对象技术构造的实体及其之间的联系）。瀑布模型是一种开发模型而非数据模型。

（75）**参考答案**：C

🔑 **试题解析**　Access 系统数据库的对象有表、查询、窗体、报表。

信息处理技术员机考试卷 第 3 套
应用技术卷参考答案/试题解析

试题一（Word）参考答案/试题解析

参考答案

本题的操作结果如图 3-1-1 所示。

> 黄河是位于中国北方地区的一条大河，属世界长河之一，也是中国第二长河。黄河的名字来源于其河水中的大量泥沙，使其呈现出黄色。这些泥沙主要来自于黄土高原，该地区的土质疏松，容易受到侵蚀，每逢暴雨冲刷，就会流失大量水土，最终汇入黄河。
>
> 黄河发源于青藏高原的巴颜喀拉山北麓，自西向东流经青海、四川、甘肃、宁夏、内蒙古、山西、陕西、河南及山东九个省（自治区），最后流入渤海。黄河的流域面积广阔，约 752443 平方公里或 79.5 万平方公里（含内流区面积 4.2 万平方公里），其流域内包括了多种地形地貌，中上游以山地为主，中下游则以平原、丘陵为主。
>
> <u>黄河流域的气候特征为冬季寒冷干燥，夏季炎热多雨，春秋短暂而温差大。降水量小且集中在夏秋季节，这导致流域内以旱地农业为主。黄河的水资源对于流域内的农业生产和人类生活都至关重要。</u>

图 3-1-1

试题解析

1. 在 Word 中按要求录入文字，并在"开始"菜单的"字体"功能区中设置字号和字体。
2. 首先把光标定位在上述文字的最后，按 Enter 键，然后录入最后一段文字，录入完毕后选中该段文字，在"开始"菜单的"字体"功能区中按要求设置字号与字体，然后加下划线。
3. 按住 Ctrl 键不放，分别选中文中的数字，然后为其设置颜色并加粗。
4. 在"页面"菜单栏中按要求设置页边距以及纸张大小。

试题二（Word）参考答案/试题解析

参考答案

本题的操作结果如图 3-2-1 所示。

试题解析

1. 在 Word 中"插入"菜单栏的"表格"功能区单击"表格"，插入 6 行 4 列表格，按要求输入文字。然后在"开始"菜单栏的"字体"功能区按要求设置字体、字号。选中整个表格，设置居中对齐。

产品名称	单价/(元/公斤)	销售数量/公斤	总收入/元
苹果	5	12	60
菠萝	6	20	120
草莓	15	6	90
香橙	4.5	17	76.5
葡萄	8	22	176

图 3-2-1

2. 利用函数计算出各产品的总收入：将光标放置"总收入"列表下，在"表格工具"菜单中选择"公式"，利用 product 乘积公式计算总收入。

3. 按住 Ctrl 键选择"总收入"超过 100 元的单元格，然后在"开始"菜单栏的"字体"功能区按要求设置字体颜色。

4. 选中"单价"一整列，在"表格样式"中找到"边框底纹"，并按要求设置边框。

试题三（Excel）参考答案/试题解析

参考答案

本题的操作结果如图 3-3-1 所示。

图 3-3-1

试题解析

1. 首先按要求输入数据。然后在"开始"菜单的"字体"功能区中设置字体和字号，在"段落"功能区中按要求设置对齐方式。

2. 在 E3 单元格中输入"=SUM(B3:D3)"后按 Enter 键，并下拉填充柄依次计算出其他产品的总销售额。

3. 在 E7 单元格中输入"=SUM(B3:B6)"后按 Enter 键，计算出第一季度所有产品的总销售额，再右拉填充柄依次计算出横向的所有合计数值。在 F3 单元格中输入"=E3/$E$7"后按 Enter 键，计算出家居用品销售额与总销售额的占比，然后下拉填充柄计算出其他产品的销售额与总销售额的占比。最后选中单元格 F3:F6，设置其格式为保留 2 位小数。

4. 按住 Ctrl 键，同时拖动选中表格的 A3:A6 区域以及 F3:F6 区域，然后在"插入"菜单的图表功能区中单击饼图图标。生成饼图后按要求进行标题设置。

试题四（Excel）参考答案/试题解析

参考答案

本题的操作结果如图 3-4-1 所示。

	A	B	C	D	E
1		优秀班干部评定表			
2	成员	学习成绩	量化分	教师及同学评价	综合成绩
3	A同学	80	90	88	84.60
4	B同学	87	80	90	85.50
5	C同学	90	87	85	88.10
6	D同学	95	85	92	91.40
7	E同学	82	89	90	85.70
8	F同学	88	86	89	87.60
9	平均成绩	87.00	86.17	89.00	
10	大于等于85分的人数	4	5	6	

图 3-4-1

试题解析

1. 在"开始"菜单的"字体"功能区中，按要求设置字体与字号；在"段落"功能区中，按要求设置对齐方式及边框。

2. 在 E3 单元格中输入"=B3*0.5+C3*0.3+D3*0.2"并按 Enter 键，先计算出 A 同学的综合成绩，然后下拉填充柄，计算其他同学的综合成绩。计算完成后，选中 E3:E8 区域，右键单击并在快捷菜单中选择"设置单元格格式"命令，在其中设置小数位数。

3. 在 B9 单元格中输入"=AVERAGE(B3:B8)"，按 Enter 键计算出"学生成绩"的平均成绩，然后右拉填充柄，计算出其他成绩的平均成绩。最后在单元格格式中设置保留 2 位小数。

4. 在 B10 单元格中，输入"=COUNTIF(B3:B8,">=85")"，按 Enter 键后计算出"学习成绩"大于等于 85 分的人数，然后右拉填充柄，计算出其他成绩大于等于 85 分的人数。

试题五（PowerPoint）参考答案/试题解析

参考答案

本题的操作结果如图 3-5-1 所示。

试题解析

1. 首先在第一页幻灯片的标题栏中按要求输入标题文字。然后选中标题文字，在"开始"菜单的"字体"功能区按要求设置字体和字号。

2. 在第一页幻灯片下面的空白区域单击右键，在快捷菜单中选择"新建幻灯片"命令。在新幻灯片的正文框中，按要求输入正文内容。选中第二段文本，在"动画"菜单的"动画"功能区中选择"飞入"效果；选中第三段文本，在"动画"菜单的"高级动画"功能区中单击"添加动画"下面的箭头，选择"更多进入效果"，从中可找到"百叶窗"效果。

3. 选中第二张幻灯片，在"切换"菜单的"切换到此幻灯片"功能区中选择"随机线条"。

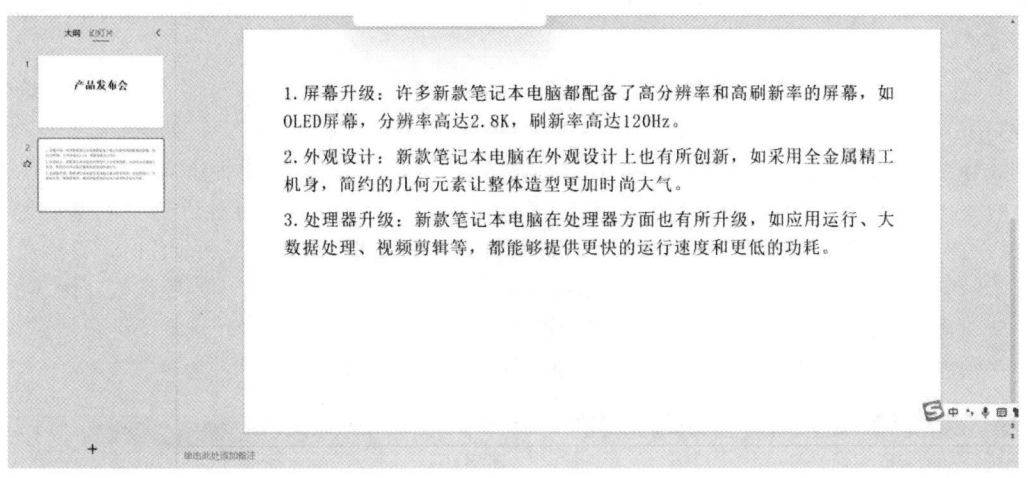

图 3-5-1

试题六（PowerPoint）参考答案/试题解析

参考答案

本题的操作结果如图 3-6-1 所示。

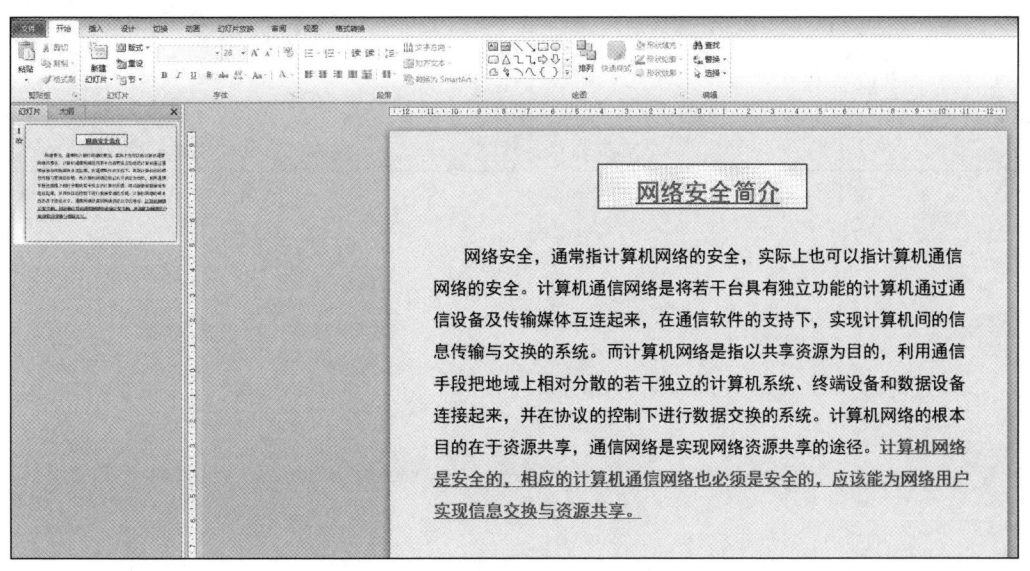

图 3-6-1

试题解析

1. 新建一个空白幻灯片，录入题目指定内容，选中全部内容后通过"开始"菜单选项中的"字体"工具栏进行文字颜色、磅值、字体的设置，通过"开始"菜单选项中的"段落"工具栏进行首行缩进、行间距的设定。

2. 选定最后一句话，通过"开始"菜单选项中的"字体"工具栏进行蓝色、加粗和下划线的设置。

3. 在内容文本框上方区域新插入一个横向文本框，输入"网络安全简介"作为标题，选中标题框中所有文字，通过"开始"菜单选项中的"字体"工具栏进行文字颜色、磅值、字体、加粗、下划线等设置，设置完毕后，根据实际情况拖动标题区和文本区的位置进行适当调整。

4. 选中标题的文本框，右键单击选择"设置形状格式"进入详细设置对话框，"线条颜色"模块进行边框线型和颜色的设置，"填充"模块进行背景色的设置，选择图案和颜色时，可能需要鼠标在示例图案或颜色区域短暂停留，会出现指向对象的名称提示，以此作为判断依据（图3-6-2）。

5. 右键单击编辑区空白区域，选择"设置背景格式"，在"填充"模块选择"纯色填充"，在下方"颜色"下拉菜单中选择指定颜色，并确认透明的值（图3-6-3）。

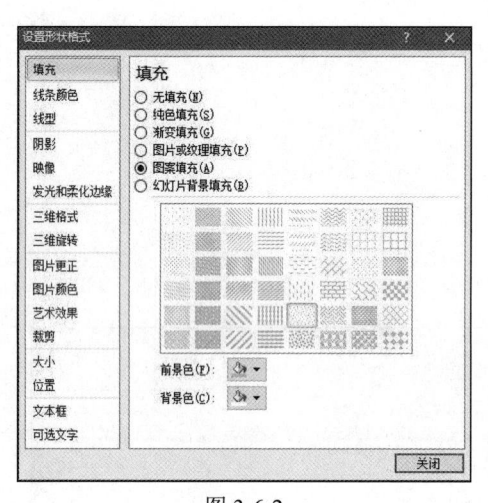

图 3-6-2 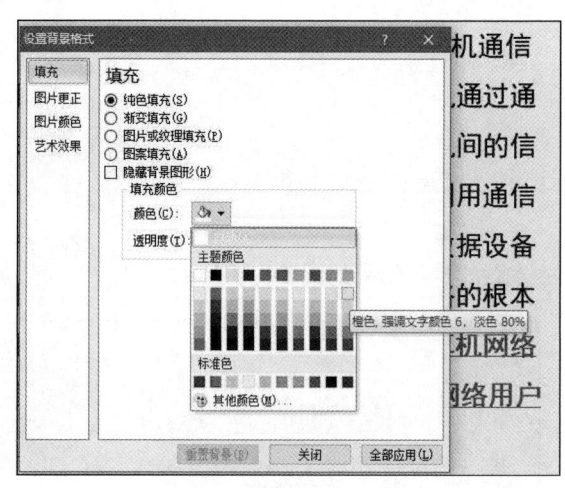   图 3-6-3

信息处理技术员机考试卷 第4套
基础知识卷

- 以下关于信息与数据的关系的描述，不正确的是__(1)__。
  - (1) A. 信息是数据的物理形式，数据是信息的内容
    - B. 数据本身没有意义，只有经过解释才有意义和价值
    - C. 数据是信息的载体，信息是数据的内涵
    - D. 数据是信息的最佳表现形式
- 以下关于信息特性的描述，错误的是__(2)__。
  - (2) A. 时效性是指信息的价值会随着时间的推移而递减
    - B. 价值性是指信息可以被当作一种资源去挖掘和研究
    - C. 传递性是指信息可以在不同媒介间传递，但仅限于人与人、人与物之间
    - D. 识别性是人类获取信息的前提
- 以下选项中__(3)__不属于信息技术。
  - (3) A. 信息处理与再生技术　　　　B. 感测与识别技术
    - C. 信息传递技术　　　　　　　D. 分类与模拟技术
- 从产生的角度来分析，信息化的层次不包含__(4)__。
  - (4) A. 产业信息化　B. 产品信息化　C. 企业信息化　D. 职业信息化
- 以下关于信息社会的表述，错误的是__(5)__。
  - (5) A. 信息社会以信息产业在国民经济中的比重、信息技术在传统产业中的应用程度和信息基础设施建设水平为主要标志
    - B. 信息和知识是重要的生产力要素，与物质、能量、智能一起成为社会赖以生存的资源
    - C. 劳动者的知识是基本要求
    - D. 科技与人文将更加相互独立发展，区分也越来越明显
- 信息系统的基本功能不包括__(6)__。
  - (6) A. 输入功能　　B. 输出功能　　C. 存储功能　　D. 交换功能
- 目前兴起的智慧城市、互联网金融等是__(7)__的体现和重要发展方向。
  - (7) A. 产品信息化　B. 产业信息化　C. 国民经济信息化　D. 社会生活信息化
- 书架上有3本不同的数学书，5本不同的语文书和6本不同的英语书，若从中取数学、英语、语文各1本，有__(8)__种不同的取法。
  - (8) A. 90　　　　B. 14　　　　C. 28　　　　D. 63

- 厂家为了解五月份生产的手机的寿命,从中测试了 1000 个手机。则以下叙述正确的是 __(9)__ 。
  - (9) A. 样本是测试的 1000 个手机的寿命　　B. 总体是 1000 个手机的寿命
  - 　　C. 个体是每个手机　　　　　　　　　　D. 样本容量是 1000 个手机
- 数据 3、6、8、6、3、6、6、7、7 中, __(10)__ 是众数。
  - (10) A. 3　　　　　B. 6　　　　　C. 8　　　　　D. 7
- 数据 42、23、17、17、19、15、36、12 中, __(11)__ 是中位数。
  - (11) A. 17　　　　B. 19　　　　C. 18　　　　D. 23
- 要显示一定时间周期内变化的趋势,适合用 __(12)__ 形式的统计图。
  - (12) A. 柱状图　　B. 条形图　　C. 折线图　　D. 饼图
- __(13)__ 统计图一般用于对分析对象进行多属性维度、全局性的整体评价。
  - (13) A. 雷达图　　B. 折线图　　C. 散点图　　D. 圆环图
- 关于信息处理的先后流程,下列表述正确的是 __(14)__ 。
  - (14) A. 信息收集→信息存储→信息加工→信息传递→信息的数据表示
  - 　　　B. 信息的数据表示→信息传递→信息加工→信息收集→信息存储
  - 　　　C. 信息表示→信息传递→信息加工→信息存储→信息收集
  - 　　　D. 信息收集→信息的数据表示→信息加工→信息传递→信息存储
- 以下关于信息收集和处理的描述,错误的是 __(15)__ 。
  - (15) A. 在实施信息收集的过程中,一般只收集原始数据,二手数据因有信息失真而不能被采用
  - 　　　B. 信息收集是信息处理过程的第一步,也是关键的一步
  - 　　　C. 信息既有经济活动中直接产生的原始信息,也有被加工、分析和改变过的加工信息,两类信息均有各自的特点和价值
  - 　　　D. 在信息收集成果整理时发现不符合目标要求,则需要重新进行补充收集
- 信息安全目前已成为全球化的社会问题,关于信息安全理解不正确的是 __(16)__ 。
  - (16) A. 包含环境、设备和媒体在内的实体安全,以保证软、硬件本身的安全性
  - 　　　B. 包含备份与恢复、病毒查杀、电磁兼容等方面的运行安全,以保证良好的运行环境
  - 　　　C. 包含确保计算机信息系统资源和信息资源不受自然和人为因素的威胁和危害的信息资产安全
  - 　　　D. 相关的人员一般不会对信息安全构成威胁和影响
- 以下关于信息安全基本要素的描述,不正确的是 __(17)__ 。
  - (17) A. 完整性要求数据未经授权不能进行改变,存储或传递过程中不能被修改或破坏
  - 　　　B. 可控性要求对内容及其传播具有控制能力,比如实施访问控制
  - 　　　C. 可用性要求可被授权实体访问并按需求使用
  - 　　　D. 可核查性要求数据的备份与数据源能够匹配,用户可以查验两者之间的差异
- 以下关于计算机信息系统安全等级的描述,不正确的是 __(18)__ 。
  - (18) A. 信息系统的安全等级分为五个等级:用户自主保护级、系统审计保护级、安全标记保护级、结构化保护级和访问验证保护级

B．系统审计保护级的特点是对于可信计算基实施细致的自主访问控制，通过登录规程、审计安全性相关事件和隔离资源，使用户对自己的行为负责

C．访问验证保护级的特点是建立明确定义的形式化安全策略模型之上，加强了鉴别机制，支持系统管理员和操作员的职能，提供可信设施管理，增强了配置管理控制

D．安全标记保护级的特点是可信计算基除具有系统审计保护级功能外，还提供安全策略模型、数据标记以及主体对客体强制访问控制的非形式化描述，可准确标记输出信息

- 不属于信息安全基本要素的是___(19)___。
  - (19) A．强制性　　　　B．完整性　　　　C．可控性　　　　D．不可抵赖性
- 以下关于涉密等级的理解，错误的是___(20)___。
  - (20) A．秘密是指一般的国家秘密
    B．机密泄露会使国家的安全和利益遭受特别严重的损害，属于重要的国家秘密
    C．秘密泄露会使国家的安全和利益遭受损害
    D．绝密是最重要的国家秘密
- 以下关于计算机发展阶段和主要特征的描述，正确的是___(21)___。
  - (21) A．ENIAC 和 EDVAC 是典型的第一代计算机，主要以电子管为基本逻辑元件
    B．第二代计算机主要以中、小规模集成电路为基础开发
    C．第三代计算机主要以大规模和超大规模集成电路为基础开发
    D．第四代计算机主要以电子管作为基本逻辑元件，采用集成度更高的半导体芯片为主存储器
- ___(22)___不属于计算机的主要特点。
  - (22) A．技术工艺更新快　　　　　　B．计算精度高
    C．通用性强　　　　　　　　　D．逻辑判断和记忆能力强
- 以下关于计算机指令的描述，正确的是___(23)___。
  - (23) A．指令是指计算机硬件能够直接识别并执行的命令
    B．指令由操作码和操作编号两部分组成
    C．指令的操作码指的是操作对象的地址来源
    D．指令的地址码指操作的类型，如加、减、乘、除等
- 以下关于计算机硬件系统的描述，正确的是___(24)___。
  - (24) A．计算机硬件系统由运算器、控制器、输入设备和输出设备四部分组成
    B．CPU 也称为中央处理器，由运算器和控制器两部分组成
    C．控制器是计算机的指挥中心，算术逻辑单元是它的核心
    D．运算器是负责从内存中取出指令、分析指令并向各部件发送控制信号
- 下列关于计算机存储器的描述，错误的是___(25)___。
  - (25) A．计算机对存储器的操作既有写入，也有读取
    B．存储器分为主存储器和辅助存储器
    C．主存储器由随机读写存储器和只读存储器组成
    D．CPU 可以直接访问和交换外存中的程序和数据信息

- 以下不属于CPU的关键性能指标的是 __(26)__ 。
  (26) A．字长　　　　B．Cache 的容量　　C．主频　　　　D．刷新频率
- 内存的技术指标不包含 __(27)__ 。
  (27) A．存储容量　　B．存储时间　　　　C．存储周期　　D．存储范围
- 硬盘是计算机重要的辅助存储器，以下属于硬盘存储器的性能指标的是 __(28)__ 。
  (28) A．接口　　　　B．防水性　　　　　C．防磁性　　　D．材质
- 下列关于计算机硬盘存储器的描述，错误的是 __(29)__ 。
  (29) A．硬盘存储器的容量比内存大，存储速度比内存快
  　　　B．硬盘存储器中的数据和信息在计算机断电关机后不会丢失
  　　　C．硬盘存储器由驱动器、控制器和盘片组成
  　　　D．硬盘存储器是计算机系统中最主要的外存设备
- 外部存储器是计算机系统的重要组成部分，以下描述正确的是 __(30)__ 。
  (30) A．外部存储器也称为外存，其特点是容量大、存储速度比内存快
  　　　B．外存可以与中央处理器直接交换信息
  　　　C．外存可分为磁存储器、磁盘存储器和光盘存储器
  　　　D．外存中的数据和信息在计算机断电后会丢失
- 下列关于光盘存储器的描述，不正确的是 __(31)__ 。
  (31) A．DVD 的容量要远大于 CD-ROM
  　　　B．CD-ROM 和 CD-R 都是只读式光盘，只能读取而不能写入
  　　　C．CD-R 和 CD-RW 都支持写入数据
  　　　D．CD-ROM 是最常见的光存储工具，一般用于电子出版物和大型软件的载体
- 下列关于鼠标的描述，不正确的是 __(32)__ 。
  (32) A．鼠标是计算机系统中重要的输入设备
  　　　B．按传感技术可以分为机械鼠标、光电鼠标和无线鼠标
  　　　C．按与主机的连接方式可以分为串口鼠标、PS/2 鼠标、USB 鼠标和无线鼠标
  　　　D．PS/2 接口的鼠标不支持热插拔
- __(33)__ 不属于计算机网络的构成部分。
  (33) A．资源子网　　B．通信子网　　　　C．通信协议　　D．网络软件
- 下列关于计算机网络分类的描述，错误的是 __(34)__ 。
  (34) A．按覆盖范围可分为局域网、城域网、广域网和个人局域网
  　　　B．按交换方式可分为电路交换、报文交换、分组交换
  　　　C．按拓扑结构可分为总线形、星形、环形、树形和混合形
  　　　D．Internet 属于城域网
- 以下关于网络结构分类的描述，错误的是 __(35)__ 。
  (35) A．按通信方式可分为点对点传输网络和广播式传输网络
  　　　B．按交换方式可分为电路交换、报文交换、分组交换

C. 按服务方式分类可分为 C/S（客户机/服务器）模式、B/S（浏览器/服务器）模式和 P/P（对等网）

D. 环形网络结构中各节点都需要安装中继器，所以当某个节点发生故障时，其他节点的网络不受影响

● 以下关于计算机网络的描述，正确的是 (36) 。

(36) A. 按数据交换方式分为 WAN、MAN 和 LAN

B. 按网络节点分布分为电路交换、报文交换和分组交换

C. ARPANET 是世界上最早的计算机网络

D. 第二代计算机网络发展阶段的主要特点是网络体系结构标准的建立

● 下列关于 TCP/IP 模型的描述，错误的是 (37) 。

(37) A. TCP/IP 模型将网络划分为应用层、传输层、网络层和主机网络层 4 个层次

B. 应用层负责处理特定的应用程序数据，为应用软件提供网络接口

C. 传输层为两台主机间的进程提供端到端的通信，如 TCP 和 UDP

D. 主机网络层确定数据包从源端到目的端的选择路由

● 以下关于 IP 地址的描述，错误的是 (38) 。

(38) A. IP 地址分为 A 类、B 类、C 类、D 类和 E 类 5 种类型，其中 A～D 类在全球分配

B. A 类地址最多有 126 个网络，即地址的范围是 1～126

C. D 类地址不分网络地址和主机地址，它第一个字节的前 4 位固定为 1110

D. C 类地址以 110 开头

● 以下属于 B 类 IP 地址的是 (39) 。

(39) A. 126.108.1.1　　B. 193.255.255.6　　C. 191.255.255.255　　D. 110.123.167.255

● 以下关于操作系统的描述，不正确的是 (40) 。

(40) A. 屏蔽硬件物理特性和操作细节，便于用户使用计算机

B. 有效管理系统资源，提高系统资源的使用效率

C. 改善人机操作界面

D. 操作系统能较好地管理计算机的软件系统，但无法管理计算机的硬件资源

● 以下关于各类操作系统的功能和特点的描述，错误的是 (41) 。

(41) A. 批处理操作系统由简单批处理系统和多道批处理系统组成

B. 能够进行批量处理和不需要人工干预，是批处理操作系统的主要特点

C. 实时操作系统的主要特点是在分配和调度资源时，首先考虑实时性，其次才是效率

D. 网络操作系统的特点是系统内核小、专用性强、多任务、高实时性，需要开发工具和环境

● 以下关于操作系统的描述，正确的是 (42) 。

(42) A. DOS 是单用户、多任务的操作系统

B. Windows 是可视化图形界面的操作系统

C. UNIX 是多用户、单任务的操作系统

D. Linux 是批处理系统

- 以下__(43)__不属于 Windows 的桌面环境的内容。

  （43）A．桌面图标　　　B．"开始"菜单按钮　　C．任务栏　　　D．选项卡

- 下列说法正确的是__(44)__。

  （44）A．回收站是计算机硬盘存储空间的一部分

  B．回收站是计算机主存空间的一部分

  C．将桌面上的一个文件用鼠标拖动至回收站，表明该文件会被彻底删除，无法恢复

  D．在按住 Shift 键的同时，选择删除文件命令，则该文件可以通过回收站进行找回和恢复操作

- 以下__(45)__不属于 Windows 桌面的操作。

  （45）A．新建　　　　　B．排列　　　　　　C．设置　　　　D．关闭

- 多个任务窗口的排列方式中不包含__(46)__。

  （46）A．层叠方式　　　B．横向平铺方式　　C．纵向平铺方式　D．居中对齐方式

- 以下关于对 Windows 桌面图标的选择操作，不正确的是__(47)__。

  （47）A．选择单个图标，用鼠标单击该图标

  B．若需选择两个不相邻的图标，需按住 Alt 键的同时，依次单击这两个图标

  C．若需选择一个连续区域内的所有图标，先单击第一个图标，然后按住 Shift 键的同时单击最后一个图标

  D．若需选择桌面上所有的图标，则需同时按住组合键 Ctrl+A

- When the computer is turned off, the data and files saved on the __(48)__ will not be deleted.

  （48）A．Memory　　　B．RAM　　　　　C．Hard disk　　D．Cache

- __(49)__ is the software system of a computer.

  （49）A．Keyboard　　　B．OS　　　　　　C．Input device　D．CPU

- 以下关于数据库管理系统的描述，错误的是__(50)__。

  （50）A．关系是属性的取值范围

  B．元组就是表中的一行，也称为一个记录

  C．属性就是表中的一列，也称为一个字段或数据项

  D．关系模式是对关系的描述，对应一个关系的结构

- 以下关于数据库管理系统的术语的理解，错误的是__(51)__。

  （51）A．主关键字又称主键，指两个不同的表中的公共字段

  B．外部关键字又称外键，指的是两个表中的公共属性且是其中一个表的主键

  C．元组值指的是表中的一行，也称为一个记录

  D．域是属性的取值范围

- 不属于 Word 段落对齐方式的是__(52)__。

  （52）A．右对齐　　　　B．两端对齐　　　　C．垂直居中对齐　D．分散对齐

- 将鼠标移至 Word 编辑区中某一段落的左侧灰色区，当光标变成箭头时连击左键 3 下，会选中该文档的__(53)__。

  （53）A．一个句子　　　B．一行　　　　　　C．一段　　　　D．整篇文档

- 在 Microsoft Word 中单击"文件"→"另存为"命令，不支持的文件类型是 （54） 。
  - （54）A．网页（*.htm；*.html） B．RTF 格式（*.rtf）
  - C．纯文本（*.txt） D．DBF 格式（*.dbf）
- 在 Word 编辑状态中，打开文件"资料 1.doc"，然后在"文件"下进行"新建"空白文档的操作，则下列描述正确的是 （55） 。
  - （55）A．资料 1.doc 被关闭，生成新建文档 B．已有资料 1.doc，不能生成新建的文档
  - C．两个文档都会被同时关闭 D．资料 1.doc 和新建的文档都处于打开状态
- 下列关于 Word 分栏的操作，叙述正确的是 （56） 。
  - （56）A．分栏只能应用于整篇文档 B．各栏间的间距是固定的，不能修改
  - C．各栏的宽度必须相同 D．设置分为 2 栏时，可以设置栏偏左或偏右
- 下列关于 Word 的叙述，正确的是 （57） 。
  - （57）A．Word 中不能对表格中的数据用公式进行计算
  - B．Word 中绘制的表格不能自动套用格式
  - C．可以在 Word 中插入 Excel 工作表
  - D．Word 中的文字不能垂直排列
- 先将鼠标定位在 Word 中一个段落中的任意位置，然后设置字体格式，则所设置的字体格式会被应用于 （58） 。
  - （58）A．在光标处新输入的文本 B．整个文档 C．光标所在段落 D．光标后的文本
- 在 Word 的编辑状态下，使用 Delete 键会 （59） 。
  - （59）A．删除光标前的一个字符 B．删除光标后的一个字符
  - C．删除光标前的全部字符 D．删除光标后的全部字符
- 为将 Word 文档中的某个词语设置为其他颜色，下列操作正确的是 （60） 。
  - （60）A．把插入点置于该词语的首字符前，然后选择颜色
  - B．选中该词语后再选择颜色
  - C．选择颜色后再选中该词语
  - D．选择所要的颜色，然后单击该词语一次
- 打开文件名为"ruankao"的 Word 文档，然后新建一个空白文档，并在该空白文档的第一行输入"资料"，若对该文件保存时没有重新命名，则 Word 文档会自动默认的文件名是 （61） 。
  - （61）A．ruankao.doc B．ruankao 1.doc C．资料.doc D．Word.doc
- 在 Excel 中， （62） 函数用来计算某个区域中空白单元格的数量。
  - （62）A．COUNT B．COUNTA C．COUNTBLANK D．COUNTIF
- 一个 Excel 工作簿中可以包含 （63） 工作表。
  - （63）A．最多 1 个 B．最多 2 个 C．不超过 3 个 D．超过 3 个
- 如果想打印 Excel 的某特定的区域，用鼠标选中这块区域后，然后 （64） 。
  - （64）A．单击"文件"菜单中的"打印"命令
  - B．单击"文件"菜单中的"打印区域"中的"打印选定区域"命令，再单击"打印"命令

C. 单击"文件"菜单中的"打印预览"命令，再单击"打印预览"窗口中的"打印"按钮

D. 单击"视图"菜单中的"分页预览"命令，再单击"文件"菜单中的"打印"命令

● 将Excel中的A1单元格的值设置为6，A2单元格中的值设置为8，在A3单元格中输入"A2-A1"，则A3单元格中的值为 (65) 。

(65) A. 2   B. -2   C. A2-A1   D. ######

● Excel的A1单元格内容为"古代"，B1单元格中的内容为"诗词"，如果要在C1单元格中显示"古代诗词"，则应该在C1单元格中输入的公式是 (66) 。

(66) A. =A1&B1   B. =A1+B1   C. =A1*B1   D. =A1%B1

● 在Excel的区域A1:B2中各单元格的值都为4，区域C2:E2中各单元格的值分别为5、6、8，在F1单元格中输入公式"=AVERAGE(A1:B2,C2:E2)"，则F1单元格中显示的值为 (67) 。

(67) A. 5   B. 5.17   C. 5.4   D. 5.75

● 在Excel的A1单元格中的值为-5，在B1单元格输入函数"=ABS(A1)-10"，则B1单元格的值为 (68) 。

(68) A. -15   B. -5   C. 5   D. 15

● 在Excel的公式中，"(sum(A3:A5))*2"的含义是 (69) 。

(69) A. A3与A5之比的值乘以2   B. A3与A5之比的2次方
   C. A3、A4、A5单元格的和乘以2   D. A3与A5单元格的和的平方

● Excel表格中A1单元格的值为12，在A2单元格中输入公式"=IF(A1>20,"优",IF(A1>10,"良","差"))"，按Enter键后，A2单元格中显示的值为 (70) 。

(70) A. 优   B. 良   C. 差   D. FALSE

● 若在Excel表格中的A2单元格中输入"=23>=26"后并按Enter键，则A2单元格中显示的值为 (71) 。

(71) A. 23<26   B. =23<26   C. TRUE   D. FALSE

● 在Excel中，若A1、B1单元格中的值分别为75、32，在A2单元格中输入函数"=IF(and(A1>65,B1>25),"及格","不及格")"，按Enter键后，则A2单元格中的值为 (72) 。

(72) A. 及格   B. 不及格   C. TRUE   D. FALSE

● 在PowerPoint中，使用快捷键 (73) 可以使选定的文本加粗。

(73) A. Alt+O   B. Ctrl+O   C. Ctrl+B   D. Alt+U

● 需要从PowerPoint中的第一张幻灯片直接跳转到最后一张幻灯片，那么，应在第一张幻灯片上添加 (74) ，并对其进行相关设置。

(74) A. 动作按钮   B. 预设动画   C. 幻灯片切换   D. 自定义动画

● 在PowerPoint中的 (75) 可以实现将某个图片一次性直接放在全部幻灯片右下角的同一位置。

(75) A. 普通视图   B. 大纲视图   C. 母版视图   D. 幻灯片浏览视图

信息处理技术员机考试卷 第4套
应用技术卷

试题一（Word）

【说明】录入下列内容，并完成后面的操作。

移动互联网的发展趋势

移动互联网是移动和互联网融合的产物，继承了移动随时随地随身和互联网分享、开放、互动的优势，是整合二者优势的"升级版本"，即运营商提供无线接入，互联网企业提供各种成熟的应用。

技术

网络 IP 化、业务平台化是移动通信网络的发展趋势。如何在不同环境下快速部署业务，主导应用平台，并最终完成向多业务运营商的蜕变，是未来一段时间内 4G 网络运营商面临的首要挑战。

业务

移动互联网的业务范围涵盖用户信息消费的多个方面，并逐渐渗透到日常生活和经济活动中。用户需求的内容非常丰富且不断发展，扩大了移动互联网的业务范围和业务规模，也改变了业务结构。移动互联网的业务能力受到无线网络性能的限制，无线网络尤其是移动通信网络的传输性能对其服务水平有直接的影响。

产业

随着移动互联网用户规模的大幅增长，以智能手机、平板电脑为主的移动智能终端正在规模上超过传统桌面电脑，并且这类新型移动终端的计算能力也在快速追赶桌面电脑。智能终端的核心产业——移动芯片需求在 2013 年首次超过 PC 芯片，逐渐成为产业的引领者。

【要求】

1. 在指定的空白 Word 文档中，录入以上的全部内容。
2. 将第一句"移动互联网的发展趋势"设置为宋体、四号、字体颜色为红色，加粗并居中对齐。
3. 将"技术""业务""产业"均添加为 Wingdings 类型中第 179 号项目符号。
4. 将"移动互联网是移动……应用"、段落"网络 IP 化……首要挑战"、段落"移动互联网的业务范围……有直接的影响"以及"随着移动互联网……产业的引领者"四个段落，均设置为"首行缩进"。
5. 全部正文内容的字体设置为宋体、小四号、字体颜色为黑色。

6. 段落各行间距设置为 1.5 倍行距。
7. 为页面设置水印：水印文字设置为"草稿"、斜式、颜色为浅灰色、深色 25%。

试题二（Word）

【说明】在 Word 中创建如下图所示表格，并完成后面的操作。

一班期末成绩表				
姓名	英语	语文	数学	总分	排名
张三	66	74	82		
李四	76	81	80		
王五	69	60	77		
赵六	88	82	86		
徐七	58	71	66		
董八	69	79	83		

【要求】
1. 在指定的空白 Word 文档中，插入表格，并将素材内容录入表格中。
2. 将表格第一行合并，输入"一班期末成绩表"作为表格的标题，文字格式设置为黑体、红色、加粗、居中，并将标题文字添加黄色背景色。
3. 利用公式分别汇总出各同学的总分。
4. 根据总分从高到低依次进行排名，并以"第一名、第二名、……、第六名"形式在"排名"栏填入排名结果，并将第一名、第二名和第三名的文字格式设置为红色、加粗，字号设置为四号。
5. 将表格中所有内容都设置为居中对齐。

试题三（Excel）

【说明】本题的素材如下图所示。

部门	销售额	成本	利润	排名	奖金
A店	62000	9000			
B店	43000	1500			
C店	55000	2600			
D店	79800	2000			
E店	120000	2400			
汇总					

【要求】
1. 按照素材提示，将内容和数据录入 Excel 中。
2. 按照销售额减去成本的计算方法，计算出各门店的利润额。
3. 根据利润额，使用 RANK 函数从高到低进行排名，将第一名设置为红色并加粗。
4. 使用 IF 函数统计各门店的奖金额，奖金发放的标准为：若利润额达到 45000 以上，则奖金额为销售额的 9%；若利润额低于 45000，则奖金额为 0。
5. 分别汇总出各门店的销售额、成本、利润和奖金（排名无须汇总，留空即可）。
6. 将表格内所有的内容居中对齐。

试题四（Excel）

【说明】本题的素材资料如下图所示。

学号	姓名	专业	语文	数学	英语	汇总	排名	评优
202301	赵莹	软设	88	51	69			
202302	冯森	计应	90	93	96			
202303	张明明	数媒	58	98	81			
202304	丁婷	软设	60	69	51			
202305	贾云波	云计算	90	87	72			
202306	顾江	软设	75	81	98			
202307	高强	计应	77	58	69			
202308	张磊	数媒	82	61	86			
202309	李季	大数据	96	90	81			
202310	钟意	云计算	51	75	58			
202311	季丰收	软设	72	70	60			
202312	代燕	计应	98	86	90			
202313	杜君君	数媒	69	81	75			
202314	董杰	大数据	86	75	68			
202315	张百强	云计算	81	82	89			
平均分								
及格率								

【要求】

1. 按照素材提示，将内容和数据录入 Excel 中。
2. 用 SUM 函数汇总各学生的成绩。
3. 按总成绩从高到低进行排名。
4. 用 IF 函数对各同学成绩进行评优情况的标注，标准为：总分大于等于 270 分，标注为"优秀"；总分大于等于 240 分且小于 270 分，标注为"良好"；总分大于等于 210 分且小于 240 分，标注为"中等"；总分大于等于 180 分且小于 210 分，标注为"合格"；其他情况标注为"不及格"。
5. 计算出语文、数学、英语各科的考生平均分，结果四舍五入为整数。
6. 使用 COUNTIF 函数和 COUNT 函数，统计出语文、数学、英语三个科目中各科的及格率（百分比精确到小数点后 1 位），及格的标准为单科成绩大于等于 60 分。

试题五（PowerPoint）

【说明】本题素材内容如下，按后面的要求完成操作。

极光是地球周围的一种大规模放电的过程。来自太阳的带电粒子到达地球附近，地球磁场迫使其中一部分沿着磁场线（Field Line）集中到南北两极。当它们进入极地的高层大气时，与大气中的原子和分子碰撞并激发，产生光芒，形成极光。经常出现的地方是在南北纬度 67°附近的两个环带状区域内，阿拉斯加的费尔班（Fairbanks）一年之中有超过 200 天的极光现象，因此被称为"北极光首都"。所以极光只能在地球的南北极被看见。

地球磁层磁力线携带太阳风的能量进入地球内部，进而驱动了地磁场的形成。在这磁层磁极光力线闭合环路上除了有地球内部的导电体之外，还有大气层的电离层这一弱导电体。当太阳风强烈时，磁力线能量遇到地球内部的磁感抗，有许多能量消耗不掉，于是就在电离层处形成了极光。

【要求】

1. 新建两张幻灯片，将第一段文字录入到第一张幻灯片中，将第二段文字录入到第二张幻灯片中。

2. 再新建一张幻灯片，插入横版文本框，然后在内部输入"极光产生的原理"，文字格式设置为宋体、44号、居中、加粗，字体颜色为蓝色，并将这张幻灯片移动到最前面成为演示文稿的第一页。

3. 将第二张和第三张幻灯片中的文字内容格式均调整为宋体、黑色、24号字，行间距设置为1.5倍、首行缩进，并将文本框背景填充为浅蓝色，适当调整文本框的尺寸，使内容均匀地处于幻灯片的最佳位置，以保证良好的观感。

4. 将第三张幻灯片的背景颜色设置为浅绿色，透明度调整为59%。

5. 将第一页的"极光产生的原理"添加"浮入"的进入动画效果；将第二页的切换效果设置为"跌落"；将第三页切换效果设置为"溶解"。

试题六（PowerPoint）

【说明】本题素材内容如下，按后面的要求完成操作。

物联网发展中备受关注的射频识别技术。RFID是一种简单的无线系统，由一个询问器（或阅读器）和很多应答器（或标签）组成。标签由耦合元件及芯片组成，每个标签具有扩展词条唯一的电子编码，附着在物体上标志目标对象，它通过天线将射频信息传递给阅读器，阅读器就是读取信息的设备。RFID技术让物品能够"开口说话"。这就赋予了物联网一个特性即可跟踪性。就是说人们可以随时掌握物品的准确位置及其周边环境。

【要求】

1. 新建一张幻灯片并录入题目所提供的内容，设置首行缩进，行间距为1.5倍。

2. 将内容字体设置为：20磅的微软雅黑字体，字符间距设置为"稀疏"。

3. 将文本框区域背景设置为橄榄色、强调文字颜色3、淡色80%。

4. 为文本框背景设置阴影效果：颜色为白色，背景1，深色50%、透明度0%、大小100%、虚化4磅、角度90°、距离6磅。

信息处理技术员机考试卷 第4套
基础知识卷参考答案/试题解析

（1）**参考答案**：A

试题解析 数据是信息的物理形式，而信息是数据的内容。

（2）**参考答案**：C

试题解析 信息的传递性不仅可以在人与人、人与物之间传递，也可以在物与物之间传递，比如互联网间的信息共享、服务器与服务器之间信息传输通信等。

（3）**参考答案**：D

试题解析 信息技术主要有四类：感测与识别技术、信息传递技术、信息处理与再生技术、信息施用技术。

（4）**参考答案**：D

试题解析 从产生的角度来看，信息化的层次从小到大分别为：产品信息化、企业信息化、产业信息化、国民经济信息化和社会生活信息化。

（5）**参考答案**：D

试题解析 信息社会中，科技与人文在信息和知识的共同作用下只会越来越紧密地结合，故D项的表述错误。

（6）**参考答案**：D

试题解析 输入、存储、处理、输出和控制是信息系统的五大基本功能。

（7）**参考答案**：D

试题解析 社会生活信息化包括商务、教育、政务、公共服务、交通和日常生活在内的整个社会体系采用先进的信息技术，融合信息网络，大力开发信息服务，拓展人们的活动时空。

（8）**参考答案**：A

试题解析 题目要求从三种不同的书中各取1本，共有3×5×6=90种取法。

（9）**参考答案**：A

试题解析 总体应为五月份生产的手机的寿命整体，个体是每个手机的寿命，样本是测试的1000个手机的寿命，样本容量是1000。

（10）**参考答案**：B

试题解析 众数是指在一组数据中出现次数最多的数据，6是本组数据中的众数。

（11）**参考答案**：C

试题解析 将一组数据按顺序依次排列后，处于最中间位置的那个数就是中位数，如总数据是偶数个时，则中位数是最中间的两个数的平均数。将数据从小到大排序后是 12、15、17、17、19、23、36、42，最中间的数是 17 和 19，则中位数是 17 和 19 的平均数 18。

（12）参考答案：B

💣试题解析 不同形式的统计图有着不同的数据展现特点和优势，柱形图能直观地显示一段时间内数据的变化或各项目间的对比；条形图适合用来显示各项目之间的对比；折线图能直观地体现同一时间段内数据的趋势和变化；饼图更适合用来显示个体项目在总体中所占的比例。

（13）参考答案：A

💣试题解析 雷达图可用于对分析对象进行多属性维度的评价；折线图能直观体现同一时间段内数据的趋势和变化；散点图适合用来显示成对数据之间的比较关系；圆环图用来显示各个部分与整体之间的关系。

（14）参考答案：D

💣试题解析 信息处理的第一步是进行信息收集，随后对收集到的信息进行数据表示，即表示为计算机可识别的信息，然后再借助于计算机对可识别的信息进行处理和加工，并将处理加工后的信息传递到需求目标，信息需求者在接收到有价值的信息后进行存储管理。

（15）参考答案：A

💣试题解析 在信息收集和处理时，原始数据和二手数据都可能包含不同的、重要的信息，都会影响后续的分析和判断，因此原始数据和二手数据都应被收集和采用。

（16）参考答案：D

💣试题解析 人员安全在信息安全的内容中起着非常重要的影响，各个环节都需要人的参与，所以相关人的安全知识、安全技能和意识、情感认知、职业道德等都会极大地影响信息的安全。

（17）参考答案：D

💣试题解析 可核查性是指能为出现的网络安全问题提供调查依据和手段。

（18）参考答案：C

💣试题解析 选项 C 中所描述的特点很明显不是访问验证保护级的特征，而是结构化保护级的特点。

（19）参考答案：A

💣试题解析 信息安全的 7 个基本要素分别是：可用性、保密性、完整性、真实性、可控性、可核查性和不可抵赖性。

（20）参考答案：B

💣试题解析 涉密等级由低到高依次为秘密、机密和绝密。机密是重要的国家秘密，泄露后会使国家的安全和利益遭受严重的损害；绝密是最重要的国家秘密，泄露后会使国家的安全和利益遭受特别严重的损害。

（21）参考答案：A

💣试题解析 第一代计算机以电子管为基础逻辑元件；第二代计算机以晶体管为基本逻辑原件；第三代计算机主要以中、小规模集成电路为基础；第四代计算机主要以大规模和超大规模集成电路为基础。

（22）参考答案：A

> **试题解析** 计算机的特点主要有 5 个方面：运算速度快、计算精度高、逻辑判断和记忆能力强、自动化程度高、通用性强。

（23）参考答案：A

> **试题解析** 指令的组成内容是操作码和地址码（也称为操作对象或操作数）两部分。指令的操作码指的是诸如加、减、乘、除等操作的类型。指令的地址码指的是操作对象的来源地址。

（24）参考答案：B

> **试题解析** 选项 A 缺少存储器。选项 C 中，算术逻辑单元不是控制器的核心，而是运算器的核心部件。选项 D 描述的内容不是运算器的工作，而是控制器的工作。

（25）参考答案：D

> **试题解析** 当计算机需要用到外存中的程序或数据时，会将它们首先从外存调入内存，CPU 不直接与外存交换信息。

（26）参考答案：D

> **试题解析** 中央处理器（CPU）的主要性能指标包括字长、Cache 的容量和主频。

（27）参考答案：D

> **试题解析** 容量、存储的时间（即速度）和周期是衡量内存的三大技术指标。

（28）参考答案：A

> **试题解析** 硬盘存储器的性能指标有 4 个：接口、转速、容量和缓存大小。

（29）参考答案：A

> **试题解析** 硬盘存储器的容量一般比内存容量大得多，但其存储的速度要比内存慢。

（30）参考答案：C

> **试题解析** 外存可分为磁存储器（如磁鼓或磁带）、磁盘存储器（如硬盘）和光盘存储器（如 CD-ROM、CD-R 等），故选项 C 正确。外存的存储速度比内存慢，故选项 A 错误。外存能与内存交换信息，但不能直接与 CPU 交换信息，故选项 B 错误。外存中的数据不会因为断电而丢失，故选项 D 错误。

（31）参考答案：B

> **试题解析** CD-ROM 是只读式光盘，只能读取不能写入。CD-R 既可以读取，也能写入，但只能一次性写入，一旦写入便不能再次改写数据。

（32）参考答案：B

> **试题解析** 按传感技术分类，鼠标分为机械鼠标、机械光电鼠标和光电鼠标。

（33）参考答案：D

> **试题解析** 计算机网络由资源子网、通信子网和通信协议三部分组成。

（34）参考答案：D

> **试题解析** Internet 是由全球无数个局域网（LAN）和城域网（MAN）组成的广域网（WAN）。

（35）参考答案：D

> **试题解析** 环形网络结构的特点是，各节点通过中继器首尾相连成闭合线路，网络中信息的传递都是单向的，正因如此，当某节点发生故障时，就会导致整个网络瘫痪，也会影响传输效率，不利于扩充。

(36) 参考答案：C

📢试题解析 选项 A 中应是按网络节点的分布划分；选项 B 中应是按数据交换方式划分。选项 D 中，第二代计算机网络发展阶段的主要特征是局域网，而网络体系结构标准的建立是第三代计算机网络发展阶段的特征。

(37) 参考答案：D

📢试题解析 确定数据包从源端到目的端的选择路由，这是网络层的功能而不是主机网络层的功能。

(38) 参考答案：A

📢试题解析 A 类、B 类、C 类这三类 IP 地址由 Internet 委员会在全球范围内统一分配，而 D 类和 E 类是特殊地址，故 A 选项错误。

(39) 参考答案：C

📢试题解析 B 类 IP 地址以 10 开头，网络位占 16 位（即网络地址的范围为 10000000.00000000～10111111.11111111，转换成十进制即 128.0～191.255）。对照上述范围，很容易判断选项 C 是正确的。

(40) 参考答案：D

📢试题解析 操作系统是用户和计算机的接口，其主要作用之一是有效管理计算机的系统资源，硬件和软件都是计算机的系统资源。

(41) 参考答案：D

📢试题解析 "系统内核小、专用性强、多任务、高实时性，需要开发工具和环境"是嵌入式操作系统的特点，而网络操作系统的主要特点是与网络的硬件相结合来完成网络的通信任务。

(42) 参考答案：B

📢试题解析 DOS 是单用户、单任务的操作系统，UNIX 和 Linux 都是多用户、多任务的操作系统。

(43) 参考答案：D

📢试题解析 Windows 的桌面环境的内容主要有：桌面图标、"开始"菜单按钮、任务栏、桌面背景等，而选项卡是 Office 等应用软件中的操作界面。

(44) 参考答案：A

📢试题解析 回收站是硬盘的一部分。将文件拖动至回收站，如果未对回收站进行清空操作，后续可以在回收站中进行找回和恢复的操作。在删除文件的同时按住 Shift 键，会将该文件进行彻底删除。

(45) 参考答案：D

📢试题解析 Windows 桌面的操作主要包含新建、排列、选择、打开或执行、设置 5 种。

(46) 参考答案：D

📢试题解析 Windows 任务窗口的排列方式有层叠方式、横向平铺方式、纵向平铺方式 3 种。

(47) 参考答案：B

📢试题解析 选择多个图标对象时，按 Ctrl 键的同时依次单击目标图标即可。

(48) **参考答案**：C

试题解析 本题问的是"计算机关闭后，保存在哪里的数据和文件不会被删除"。A 是内存，B 是随机读写存储器，C 是硬盘，D 是高速缓冲存储器。

(49) **参考答案**：B

试题解析 本题问的是"什么是计算机的软件系统"。A 是键盘，B 是操作系统 Operating System 的缩写，C 是输入设备，D 是中央处理器，故本题选 B。

(50) **参考答案**：A

试题解析 在数据库管理系统的关系模型术语中，一个关系就是一张二维表，每个关系有一个关系名，并不是指属性的取值范围。

(51) **参考答案**：A

试题解析 主关键字又称主键，是表中能唯一标识一个记录的属性或最小属性组合。

(52) **参考答案**：C

试题解析 Word 中关于段落的对齐方式有：两端对齐、居中对齐、右对齐、分散对齐和左对齐。

(53) **参考答案**：D

试题解析 Word 编辑区左侧灰色区称为选定区，在这个区域，当光标变成箭头时，单击鼠标则选中该行，双击则是选中该段落，连击 3 下则会选中整篇文档。

(54) **参考答案**：D

试题解析 dbf 格式是数据库文件格式，Word 不支持。

(55) **参考答案**：D

试题解析 通过"文件"进行"新建"空白文档操作时，会自动打开一个新的 Word 文档，原来打开过的文档不会有影响和变化。

(56) **参考答案**：D

试题解析 分栏可以应用于整篇文档或插入点后。各栏间的间距可以根据需要进行更改。各栏的宽度可以根据需要进行更改。

(57) **参考答案**：C

试题解析 Word 表格中的数据可以使用公式命令进行计算。插入表格后可以自动套用已有的格式。可通过"页面设置"下的"文档网络"来设置文字"水平"或"垂直"的排列方式。

(58) **参考答案**：A

试题解析 在 Word 中，先将鼠标定位在一个段落中的任意位置，然后选择字体格式，则所设置的字体格式会应用于光标处新输入的文本。

(59) **参考答案**：B

试题解析 在 Word 的编辑状态下，使用 Delete 键会删除光标后的一个字符或被选中的内容。

(60) **参考答案**：B

试题解析 先选中将要设置的内容，然后通过"字体"格式工具栏进行字体、字号、颜色等格式的设置。

（61）**参考答案**：C

🔖**试题解析**　未对文件命名时直接保存，文件名将自动默认以文档中最前面的文字和文档的类型进行命名。

（62）**参考答案**：C

🔖**试题解析**　COUNTBLANK 函数计算指定单元格区域中空白单元格的个数。

（63）**参考答案**：D

🔖**试题解析**　一个工作簿就是一个 Excel 文件，一个工作簿中可包含多张工作表（最多可以包含 255 个工作表），工作表默认以 Sheet1、Sheet2、Sheet3、⋯来命名。

（64）**参考答案**：B

🔖**试题解析**　打印特定区域时，需要先选定该区域，然后在打印界面中选择"打印选定区域"。

（65）**参考答案**：C

🔖**试题解析**　因为没有在 A2–A1 前面输入"="，所以 A2–A1 仅会被当作一个普通字符串，而不会被作为公式进行计算。

（66）**参考答案**：A

🔖**试题解析**　在 Excel 中字符串的连接应使用连接符"&"，因此应输入"=A1&A2"。

（67）**参考答案**：A

🔖**试题解析**　A1:B2 区域中各单元格的值都为 4，则表示 A1、A2、B1、B2 这 4 个单元格中的值均为 4。"=AVERAGE(A1:B2,C2:E2)"的计算含义是计算 A1、A2、B1、B2、C2、D2、E2 这 7 个单元格中所有数值的平均值。

（68）**参考答案**：B

🔖**试题解析**　ABS 是求绝对值函数，"=ABS(A1)–10"的含义是求 A1 的绝对值减去 10 的结果。

（69）**参考答案**：C

🔖**试题解析**　"(sum(A3:A5))*2"的含义是先求出 A3 到 A5 单元格中值的和，再乘以 2。

（70）**参考答案**：B

🔖**试题解析**　"=IF(A1>20,"优",IF(A1>10,"良","差"))"的含义是如果 A1 单元格中的值大于 20 则为优，大于 10 小于等于 20 为良，否则为差。

（71）**参考答案**：D

🔖**试题解析**　在 Excel 的公式和函数中，单元格中输入"=23>=26"的含义是判断 23>=26 是否为真，若正确则返回值为 TRUE，否则返回 FALSE。

（72）**参考答案**：A

🔖**试题解析**　函数"=IF(and(A1>65,B1>25),"及格","不及格")"的含义是：若 A1 单元格中的值大于 65 且同时 B1 单元格中的值大于 25，则为及格，否则不及格。A1 单元格中的值为 75，大于 65；B1 单元格中的值为 32，大于 25，因此返回的结果为"及格"。

（73）**参考答案**：C

🔖**试题解析**　在 PowerPoint 中，没有快捷键 Alt+O 的功能；快捷键 Ctrl+O 的功能是弹出"打开"对话框；快捷键 Ctrl+B 的功能是使选定的文本加粗。

（74）**参考答案**：A

试题解析　在 PowerPoint 中，可以在演示文稿中添加超级链接。PowerPoint 提供了两种创建超级链接的方法：使用"超级链接"命令和使用"动作按钮"。

（75）**参考答案**：C

试题解析　在 PowerPoint 中，可以在母版视图模式下，通过编辑设置母版样式，以直接应用于所有幻灯片。

信息处理技术员机考试卷 第 4 套
应用技术卷参考答案/试题解析

试题一（Word）参考答案/试题解析

参考答案

本题的操作结果如图 4-1-1 所示。

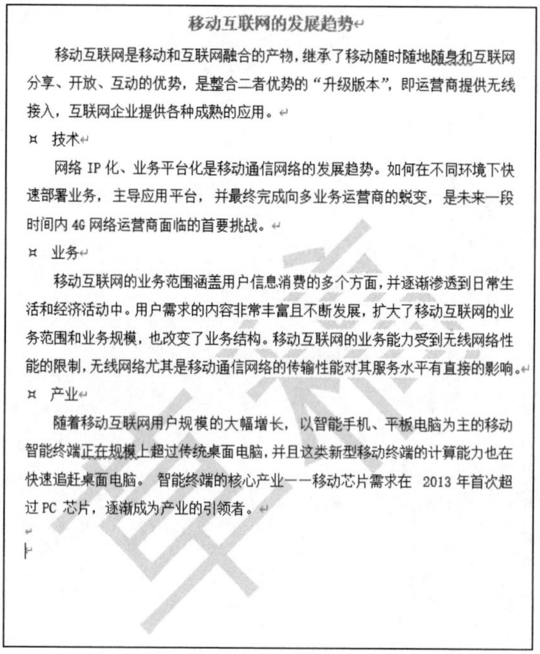

图 4-1-1

试题解析

1. 在 Word 中按照素材录入全部内容。

2. 拖动选中"移动互联网的发展趋势",在"开始"菜单的"字体"功能区,按要求设置其字体、字号、颜色、加粗。然后再在"段落"功能区中单击"居中"对齐按钮。

3. 按住 Ctrl 键的同时,依次选中题目指定的字符。单击"开始"菜单"段落"功能区中的"项目符号"按钮右侧的箭头,在下拉菜单中选择"定义新项目符号…",在弹出的对话框中单击"符号…"按钮。然后在"字体"下拉列表中选择 Wingdings,在"字符代码"文本框中直接输入 179,即可快速定位目标符号,如图 4-1-2 所示。

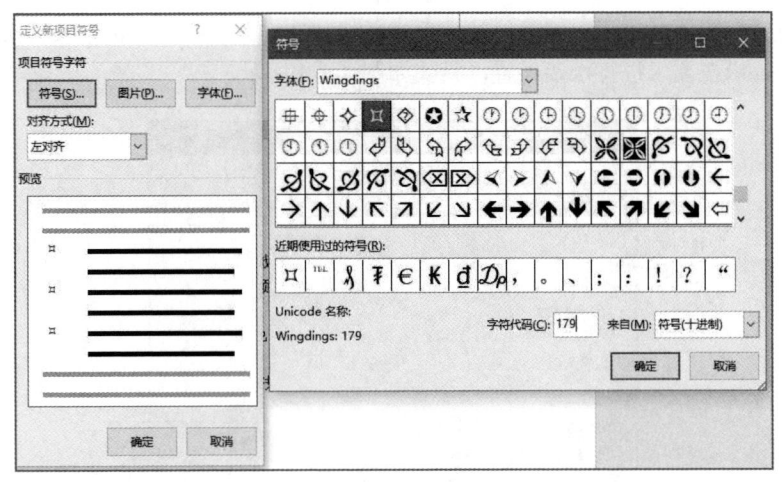

图 4-1-2

4．按 Ctrl 键的同时，依次拖选指定段落，然后单击"开始"菜单"段落"功能区右下角的小箭头按钮，打开"段落"对话框，然后在其中可进行缩进设置，具体如图 4-1-3 所示。

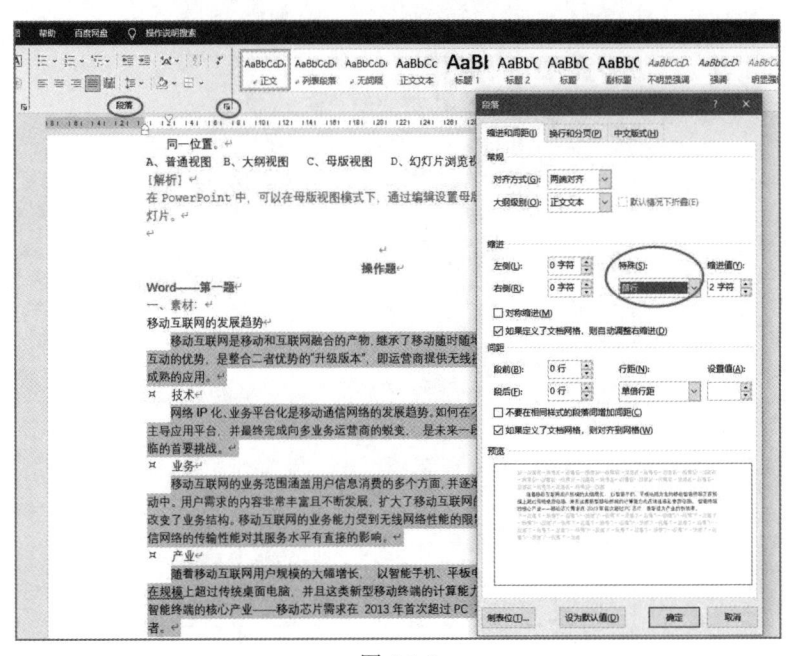

图 4-1-3

5．用鼠标拖动或使用快捷键 Ctrl+A 选择所有文本，然后在"开始"菜单的"字体"功能区设置字体、字号及颜色。

6．单击"开始"菜单"段落"功能区右下角的小箭头，打开"段落"对话框，在其中可进行行距设置。

7. 在"设计"菜单的"页面背景"功能区，单击"水印"按钮下方的箭头，选择"自定义水印…"，可根据提示按要求进行水印设置，具体如图 4-1-4 所示。

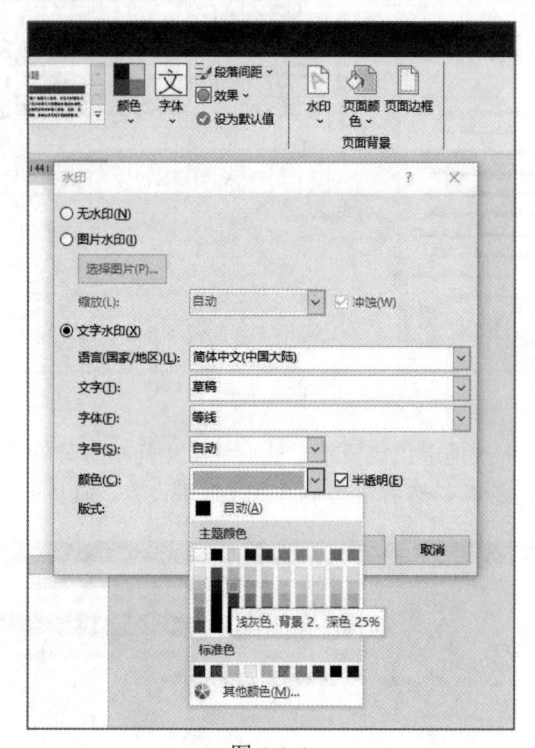

图 4-1-4

试题二（Word）参考答案/试题解析

参考答案

本题的操作结果如图 4-2-1 所示。

一班期末成绩表					
姓名	英语	语文	数据	总分	排名
张三	66	74	82	222	第四名
李四	76	81	80	237	第一名
王五	69	60	77	206	第五名
赵六	88	92	86	266	第三名
徐七	58	71	66	195	第六名
董八	69	79	83	231	第二名

图 4-2-1

试题解析

1. 在"插入"菜单的"表格"功能区，单击"表格"图标下的小箭头，然后用鼠标拖出 6 列 8 行的表格，如图 4-2-2 所示。然后按照素材提示录入全部内容和数据。

图 4-2-2

2. 用鼠标拖动选中表格第一行，系统会自动弹出快捷操作菜单，直接单击"合并单元格"按钮即可。在合并后的单元格内输入"一班期末成绩表"，并按要求对其各种格式进行设置。

3. 将光标定位至第一个需要统计总分的单元格中，然后单击"布局"选项卡"数据"工具栏中的"公式"按钮，在"公式"对话框中选择或输入"=SUM(LEFT)"后单击"确定"按钮即可计算该同学的总分，如图 4-2-3 所示。使用同样的办法计算出其他同学的总分。

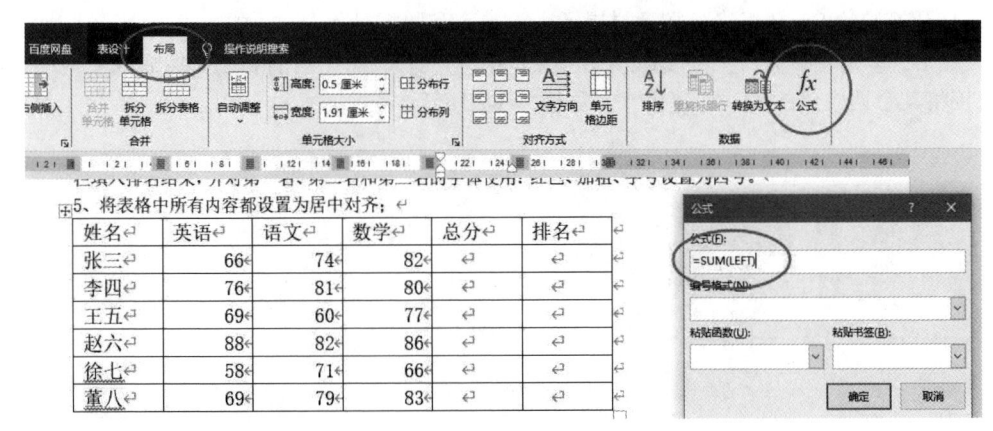

图 4-2-3

4. 根据各同学的总分，自高到低分别在"排名"列中手动输入"第一名、第二名、……、第六名",然后按住 Ctrl 键依次选定前三名,在"开始"菜单的"字体"功能区对文字格式进行指定设置。

5．可以拖动全表区域或直接单击表格左上角的"选定全表"图标,以选中全部表格及表格内容,然后单击"开始"菜单"段落"功能区中的"居中对齐"按钮即可完成。

试题三（Excel）参考答案/试题解析

参考答案

本题的操作结果如图 4-3-1 所示。

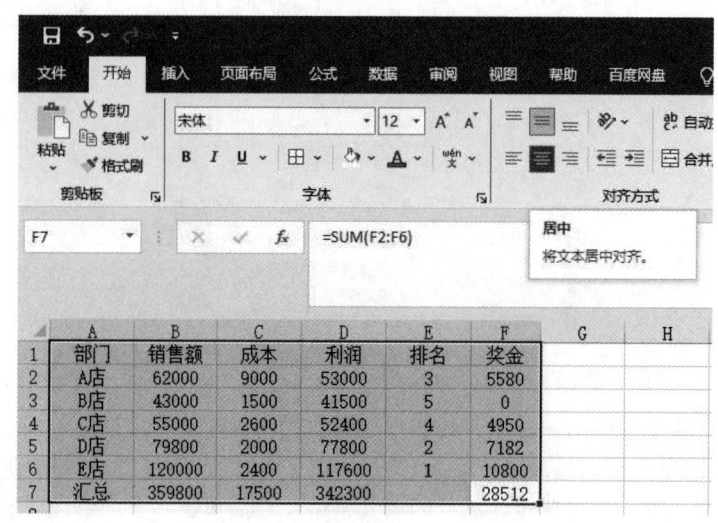

图 4-3-1

试题解析

1．打开答题的 Excel 表格,按素材提示,将内容和数据录入 Excel 中。

2．在 D2 单元格中输入"=B2-C2"并按 Enter 键,计算出 A 店的利润,然后向下拖动自动填充柄直接将其余四个店的利润计算出来,如图 4-3-2 所示。

图 4-3-2

3. 在 E2 单元格中输入函数"=RANK(D2,$D$2:$D$6)",按 Enter 键(这里引用区域使用了绝对引用,操作方法是在选定 D2:D6 区域后按 F4 键,也可手动在行号和列标前输入$符号),然后向下拖动填充柄将其余四个店铺的排名计算出来。最后选定 E6 单元格,通过"字体"工具栏设置红色、加粗格式。具体如图 4-3-3 所示。

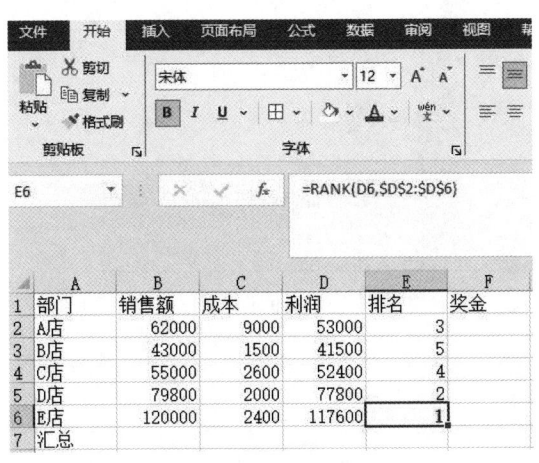

图 4-3-3

4. 在 F2 单元格中输入函数"=IF(D2>=45000,B2*9%,0)",然后按 Enter 键,计算出 A 店的奖金额,然后向下拖动填充柄计算出其他各店的奖金情况,如图 4-3-4 所示。

5. 在 B7 单元格中输入函数"=SUM(B2:B6)",然后向右拖动填充柄到 F7(删除 E7 的值),即可汇总各门店的销售额、成本、利润和奖金,如图 4-3-5 所示。

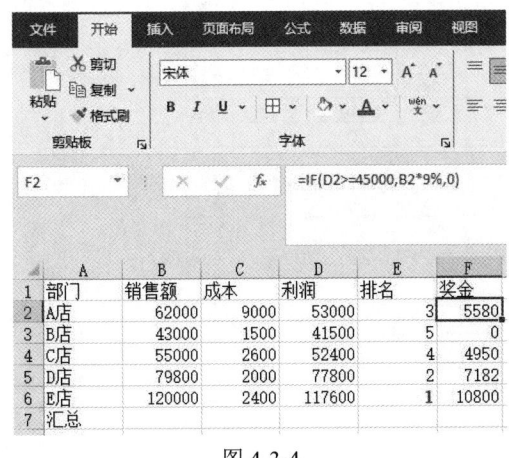

图 4-3-4

图 4-3-5

6. 拖动选定 A1:F7 区域,通过"开始"菜单"段落"功能区中的"居中"对齐按钮即可完成设置,如图 4-3-6 所示。

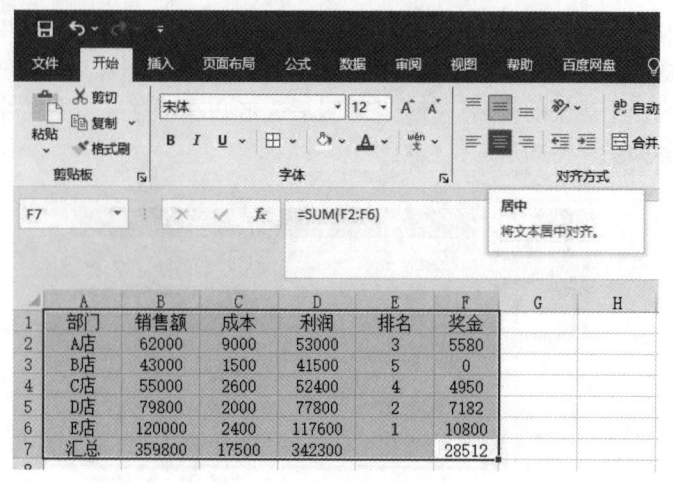

图 4-3-6

试题四（Excel）参考答案/试题解析

参考答案

本题的操作结果如图 4-4-1 所示。

图 4-4-1

试题解析

1. 打开答题系统中的 Excel 表格，按素材提示将内容和数据录入 Excel 中。

2. 在 G2 单元格中输入函数"=SUM(D2:F2)"，然后向下拖动自动填充柄可计算出其他同学的成绩汇总，如图 4-4-2 所示。

	A	B	C	D	E	F	G
1	学号	姓名	专业	语文	数学	英语	汇总
2	202301	赵莹	软设	88	51	69	208
3	202302	冯淼	计应	90	93	96	279
4	202303	张明明	数媒	58	98	81	237
5	202304	丁婷	软设	60	69	51	180
6	202305	贾云波	云计算	90	87	72	249
7	202306	顾江	软设	75	81	98	254
8	202307	高强	计应	77	58	69	204
9	202308	张磊	数媒	82	61	86	229
10	202309	李季	大数据	96	90	81	267
11	202310	钟意	云计算	51	75	58	184
12	202311	季丰收	软设	72	70	60	202
13	202312	代燕	计应	98	86	90	274
14	202313	杜君君	数媒	69	81	75	225
15	202314	董杰	大数据	86	75	68	229
16	202315	张百强	云计算	81	82	89	252
17		平均分					
18		及格率					

图 4-4-2

3．在 H2 单元格中输入函数"=RANK(G2,$G$2:$G$16)"，然后按 Enter 键（这里引用区域使用了绝对引用，操作方法是在选定 H2:H16 区域后按 F4 键）。最后向下拖动自动填充柄，计算出其他同学的排名，如图 4-4-3 所示。

	A	B	C	D	E	F	G	H
1	学号	姓名	专业	语文	数学	英语	汇总	排名
2	202301	赵莹	软设	88	51	69	208	11
3	202302	冯淼	计应	90	93	96	279	1
4	202303	张明明	数媒	58	98	81	237	7
5	202304	丁婷	软设	60	69	51	180	15
6	202305	贾云波	云计算	90	87	72	249	6
7	202306	顾江	软设	75	81	98	254	4
8	202307	高强	计应	77	58	69	204	12
9	202308	张磊	数媒	82	61	86	229	8
10	202309	李季	大数据	96	90	81	267	3
11	202310	钟意	云计算	51	75	58	184	14
12	202311	季丰收	软设	72	70	60	202	13
13	202312	代燕	计应	98	86	90	274	2
14	202313	杜君君	数媒	69	81	75	225	10
15	202314	董杰	大数据	86	75	68	229	8
16	202315	张百强	云计算	81	82	89	252	5
17		平均分						
18		及格率						

图 4-4-3

4．在 I2 单元格中输入函数"=IF(G2>=270,"优秀",IF(G2>=240,"良好",IF(G2>=210,"中等",IF(G2>=180,"合格","不及格"))))"，然后按 Enter 键，再使用自动填充柄计算出其他同学的评优结果，如图 4-4-4 所示。

学号	姓名	专业	语文	数学	英语	汇总	排名	评优
202301	赵莹	软设	88	51	69	208	11	合格
202302	冯森	计应	90	93	96	279	1	优秀
202303	张明明	数媒	58	98	81	237	7	中等
202304	丁婷	软设	60	69	51	180	15	合格
202305	贾云波	云计算	90	87	72	249	6	良好
202306	顾江	软设	75	81	98	254	4	良好
202307	高强	计应	77	58	69	204	12	合格
202308	张磊	数媒	82	61	86	229	8	中等
202309	李季	大数据	96	90	81	267	3	良好
202310	钟意	云计算	51	75	58	184	14	合格
202311	季丰收	软设	72	70	60	202	13	合格
202312	代燕	计应	98	86	90	274	2	优秀
202313	杜君君	数媒	69	81	75	225	10	中等
202314	董杰	大数据	86	75	68	229	8	中等
202315	张百强	云计算	81	82	89	252	5	良好
		平均分						
		及格率						

公式栏：=IF(G2>=270,"优秀",IF(G2>=240,"良好",IF(G2>=210,"中等",IF(G2>=180,"合格","不及格"))))

图 4-4-4

5. 在 D17 单元格中输入函数"=AVERAGE(D2:D16)"，然后按 Enter 键，计算出语文的平均分，然后向右拖动填充柄计算出其他各科的平均分，如图 4-4-5 所示。再选中所有平均分结果的单元格，然后在"开始"菜单的"数字"功能区，单击"减少小数位数"按钮调整小数点位数直至取整，如图 4-4-6 所示。

学号	姓名	专业	语文	数学	英语	汇总	排名	评优
202301	赵莹	软设	88	51	69	208	11	合格
202302	冯森	计应	90	93	96	279	1	优秀
202303	张明明	数媒	58	98	81	237	7	中等
202304	丁婷	软设	60	69	51	180	15	合格
202305	贾云波	云计算	90	87	72	249	6	良好
202306	顾江	软设	75	81	98	254	4	良好
202307	高强	计应	77	58	69	204	12	合格
202308	张磊	数媒	82	61	86	229	8	中等
202309	李季	大数据	96	90	81	267	3	良好
202310	钟意	云计算	51	75	58	184	14	合格
202311	季丰收	软设	72	70	60	202	13	合格
202312	代燕	计应	98	86	90	274	2	优秀
202313	杜君君	数媒	69	81	75	225	10	中等
202314	董杰	大数据	86	75	68	229	8	中等
202315	张百强	云计算	81	82	89	252	5	良好
		平均分	78	77	76	232		

公式栏：=AVERAGE(D2:D16)

图 4-4-5

[图 4-4-6]

6．本题考查 COUNTIF 函数和 COUNT 函数的组合使用，在 D18 单元格中输入函数"=COUNTIF(D2:D16,">=60")/COUNT(D2:D16)"，然后按 Enter 键，计算出语文科目的及格率，然后向右拖动填充柄计算出数学和英语的及格率。计算完毕后选定这三个及格率数值，然后在"开始"菜单的"数字"功能区中，单击"减少小数位数"按钮调整小数点位数直至取至小数点后 1 位，如图 4-4-7 所示。

[图 4-4-7]

试题五（PowerPoint）参考答案/试题解析

参考答案

本题的操作结果如图 4-5-1 所示。

试题解析

1．打开答题 PowerPoint 应用程序，然后新建两张空白幻灯片，分别将两段文字录入到第一页和第二页。

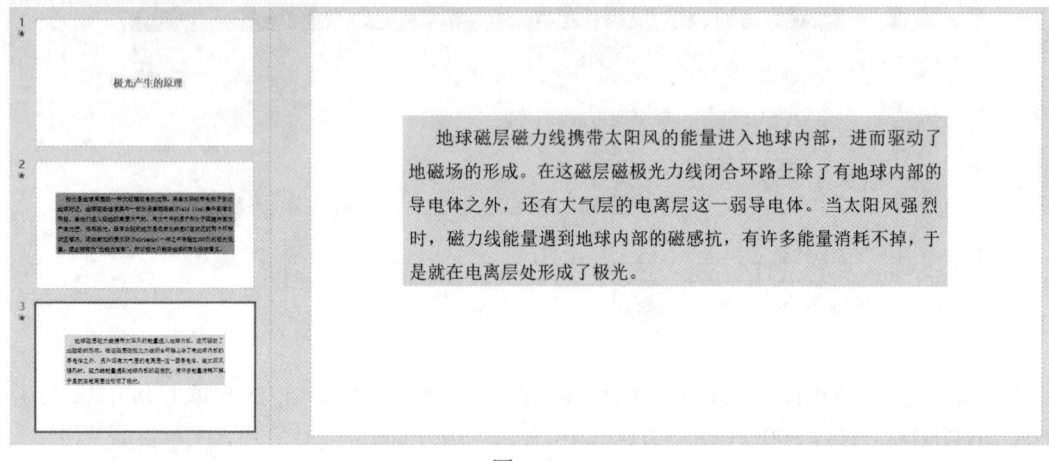

图 4-5-1

2. 新建第三张幻灯片，单击"插入"菜单"文本"功能区中的"文本框"图标，在下拉选项中选择"绘制横排文本框"，然后在文本框中输入"极光产生的原理"。选中"极光产生的原理"，在"开始"菜单的"字体"功能区按题目要求设置其字体格式。在导航区用鼠标选中刚刚输入标题的第三张幻灯片，按住左键并拖动该幻灯片直至移动至最上面成为第一页幻灯片，松开鼠标即可完成幻灯片的移动。

3. 在"开始"菜单的"字体"功能区，对第二张和第三张幻灯片中的文字进行格式设置。通过"段落"功能区对其间距、缩进进行设置。最后单击文本框边框，标题栏下方会自动出现"形状格式"选项卡，单击倒三角图标，在下拉选项中选择浅蓝色块，完成背景设置，如图 4-5-2 所示。

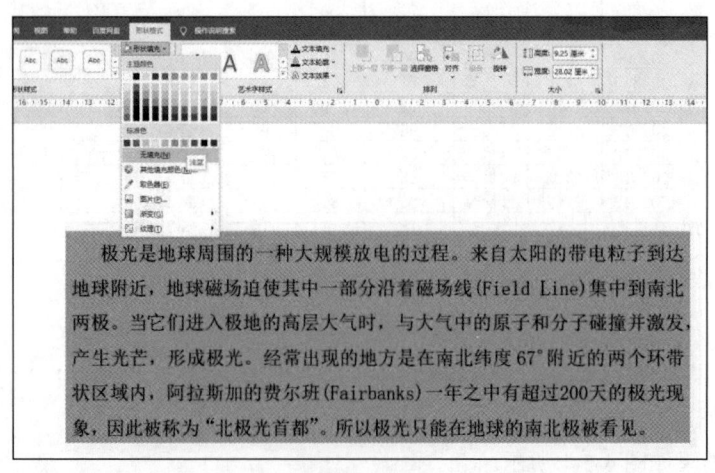

图 4-5-2

4. 在页面导航区单击第三页幻灯片右键单击文本框的边框，在弹出的快捷菜单中选择"设置形状格式…"命令，系统会在编辑区右侧出现"设置形状格式"窗口，依次单击"形状选项"→"填充"→"纯色填充",然后在颜色栏中设置"浅绿色",最后在透明度设置栏中设置 59% 的透明度,如图 4-5-3 所示。

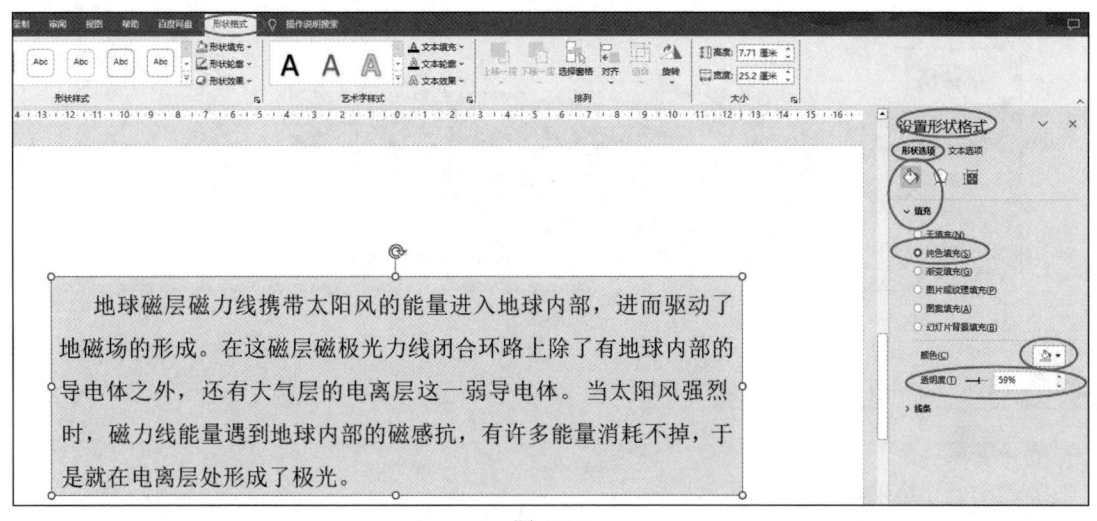

图 4-5-3

5．在页面导航区选中第一页幻灯片,选中"极光产生的原理"的文本框边框,在"动画"菜单"高级动画"功能区的"进入"区域中选择"浮入"效果,如图 4-5-4 所示。在页面导航区单击选中第二页幻灯片,在"切换"菜单的"切换"功能区选择"跌落"效果。用同样的方法,在页面导航区选中第三页幻灯片,在"切换"菜单的"切换"功能区选择"溶解"效果,如图 4-5-5 所示。

图 4-5-4

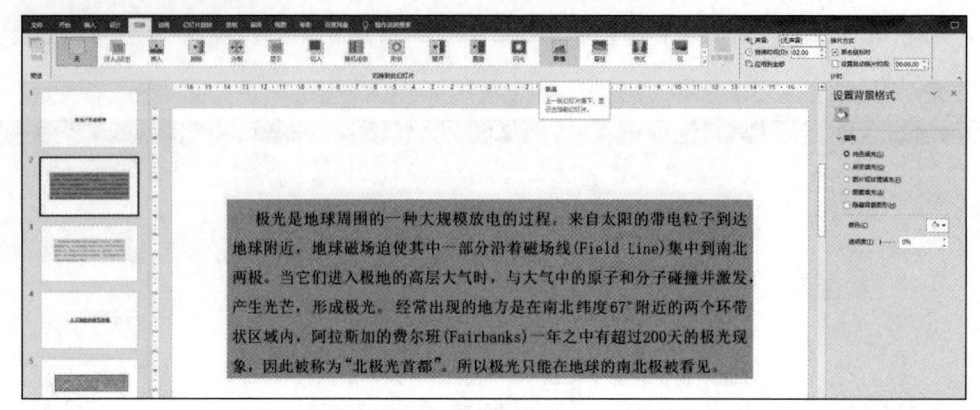

图 4-5-5

试题六（PowerPoint）参考答案/试题解析

参考答案

本题的操作结果如图 4-6-1 所示。

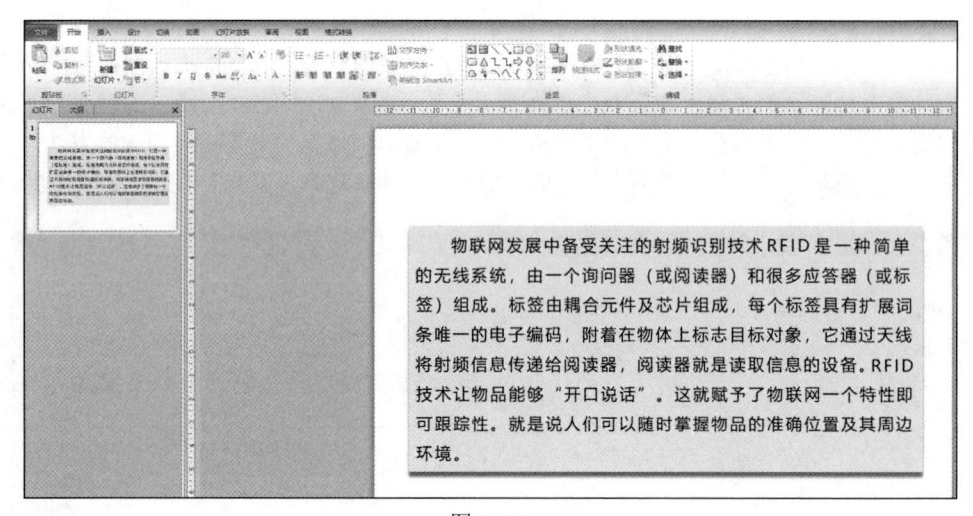

图 4-6-1

试题解析

1. 新建一张空白幻灯片，插入横向文本框，然后按指定要求录入相应内容，通过"开始"菜单选项卡的"段落"格式对话框进行首行缩进、行间距的设置。

2. 选定文本框内全部文字，然后通过"开始"菜单选项卡的"字体"工具栏即可进行字体、磅值和字符间距的设置。

3. 右键单击文本边框，右键菜单选择"设置形状格式"后弹出的设置对话框中，对"填充"功能进行选择和设置，实现文本框背景颜色的设定（图 4-6-2）。

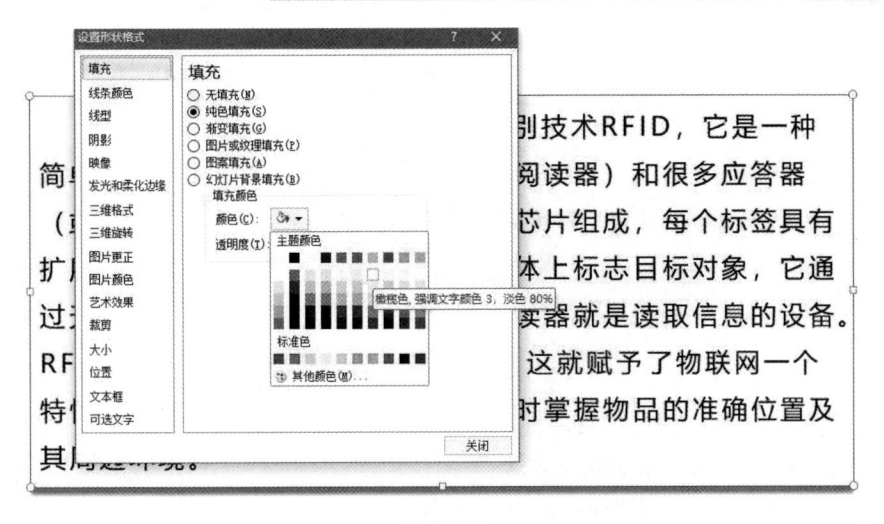

图 4-6-2

4．在上一步的对话框中，对"阴影"模块功能进行选择和设置，实现题目要求的阴影参数设置（图 4-6-3）。

图 4-6-3

信息处理技术员机考试卷 第5套
基础知识卷

- 以下关于数据和信息的描述，正确的是 __(1)__ 。
  - (1) A. 数据就是信息，信息就是数据
    - B. 信息就是通过数据所提炼出的有价值的内容
    - C. 信息是信息，数据是数据，它们是两个独立的个体
    - D. 信息化社会建设的基础是信息
- 信息的特性不包含 __(2)__ 。
  - (2) A. 普遍性　　　　B. 价值性　　　　C. 不完全性　　　　D. 稀缺性
- 以下关于信息技术特点的描述，不正确的是 __(3)__ 。
  - (3) A. 数字化是指将复杂的信息转化为可度量的数字或数据，再通过建立模型，将它们转换为二进制代码以便于计算机处理
    - B. 智能化指信息技术的发展体现在人工智能理论方法的深化与应用
    - C. 柔性化是指信息技术的推进越来越表现出"以人为本"的特性
    - D. 综合、网络化指信息社会的主要特征是业务综合和网络综合
- 以下对于企业信息化的理解和表述，错误的是 __(4)__ 。
  - (4) A. 在企业的生产、营销和管理等过程中应用信息技术
    - B. 深入应用信息技术以促成或能够达成更丰富的业务模式的转变
    - C. 企业通过应用信息技术以促进组织架构、经营战略的转变
    - D. 企业信息化的标志是投入高科技设备和自动生产线，推动办公自动化
- 以下关于信息的描述，不正确的是 __(5)__ 。
  - (5) A. 信息具有时效性
    - B. 信息必须依附于某种载体进行传递
    - C. 信息是不可被识别的
    - D. 信息可以被转换为多种形式且可以被还原
- 信息系统的基本功能不包括 __(6)__ 。
  - (6) A. 控制功能　　　B. 输出功能　　　C. 处理功能　　　D. 统计功能
- 信息传递的三个基本环节中，信息接收者称为 __(7)__ 。
  - (7) A. 信源　　　　　B. 信道　　　　　C. 信标　　　　　D. 信宿

- 书架上有 3 本不同的数学书，5 本不同的语文书和 6 本不同的英语书，若从中取出 2 本不同科目的书，有 (8) 种不同的取法。

  (8) A．90　　　　　B．58　　　　　C．28　　　　　D．63

- 厂家为了了解五月份生产的手机的寿命，从中测试了 1000 个手机，以下叙述错误的是 (9) 。

  (9) A．总体应为五月份生产的手机的寿命整体　　B．个体是每个手机的寿命
  　　C．个体是抽取的 1000 个手机　　　　　　　D．样本是测试的 1000 个手机的寿命

- 以下关于数据采集的叙述，不正确的是 (10) 。

  (10) A．数据采集的工作量与费用都占信息处理的相当大比重
  　　 B．数据采集时需要获得描述客观事物的全部信息
  　　 C．数据输出的质量取决于数据收集的质量
  　　 D．数据采集后还需要进行校验以保证其正确性

- 商店出售一件商品，第一天按原价出售，没有人买；第二天打 8 折，还是没有人买；第三天在折扣的基础上再降价 24 元，终于售出。已知实际售出价是原价的 56%，则原价是 (11) 。

  (11) A．33 元　　　　B．67 元　　　　C．80 元　　　　D．100 元

- (12) 样式的统计图能比较直观地显示数值之间的对比关系。

  (12) A．饼图　　　　B．圆环图　　　　C．条形图　　　　D．雷达图

- 以下关于统计图功能的描述，错误的是 (13) 。

  (13) A．折线图主要用来显示随单位而变化的连续数据，非常适用于显示在相等时间间隔下数据的发展趋势和走向
  　　 B．饼图适合用来显示个体项目在总体中所占的比例
  　　 C．雷达图可用于分析对象的成长趋势和上限
  　　 D．条形图适合用来显示各项目之间的对比

- 以下关于信息收集的一般步骤的描述，正确的是 (14) 。

  (14) A．制订收集计划→设计提纲和表格→明确数据源和收集方法→实施收集→整理成果
  　　 B．设计提纲和表格→明确数据源和收集方法→制订收集计划→实施收集→整理成果
  　　 C．实施收集→整理成果→制订收集计划→明确数据源和收集方法→设计提纲和表格
  　　 D．制订收集计划→明确数据源和收集方法→设计提纲和表格→实施收集→整理成果

- 以下对于信息加工的描述，错误的是 (15) 。

  (15) A．信息加工的主要内容有清洗与整理、筛选与判别、分类与排序、分析与研究、编制
  　　 B．信息的编制是将加工过的信息整理成便于理解的新素材，并将素材增加编目和索引以便于提取
  　　 C．信息的清洗是将错误的数据、重复的数据、有缺失的数据一并删除掉
  　　 D．信息的筛选与判别，是辨别出融合在大量原始信息中的一些假信息

- 我国关于发明专利的保护期限是 (16) 。

  (16) A．自专利申请日起 10 年　　　　B．自专利申请日起 15 年
  　　 C．自专利申请日起 20 年　　　　D．自专利申请日起 50 年

- 以下关于信息安全基本要素的描述，不正确的是 (17) 。
    (17) A．真实性是指信息内容真实可靠，能对信息的来源进行判断
        B．可用性要求注重数据的公开和共享，保证用户能够随时、随地、不受限制地使用
        C．完整性要求数据未经授权不能进行改变，存储或传递过程中不能被修改或破坏
        D．不可抵赖性是指通过技术和责任机制，防止用户否认其行为
- 不属于信息安全基本要素的是 (18) 。
    (18) A．可用性　　　　B．保密性　　　　C．完整性　　　　D．非线性
- 以下关于计算机系统安装和使用的安全常识的描述，错误的是 (19) 。
    (19) A．不随便打开来历不明确的超链接，但可以扫描二维码
        B．不随意打开来历不明的电子邮件
        C．不打开来源不清的文件或程序
        D．使用正版软件或系统，拒绝盗版软件
- (20) 不属于我国的涉密等级标准。
    (20) A．秘密　　　　B．私密　　　　C．机密　　　　D．绝密
- 以下 (21) 不属于计算机的主要特点。
    (21) A．运算速度快　　B．计算精度高　　C．集成度高　　D．逻辑判断和记忆能力强
- 以下关于计算机系统的描述，不正确的是 (22) 。
    (22) A．计算机系统由硬件系统和软件系统组成
        B．硬件是计算机系统的基础，而软件是灵魂
        C．没有硬件的计算机称为"裸机"
        D．软件是指计算机上运行的各种程序和相关资料的总和
- 以下关于计算机工作原理的描述，错误的是 (23) 。
    (23) A．计算机的工作原理即存储程序和程序控制
        B．程序执行的过程依次是：取指令、翻译指令、执行、回写结果
        C．计算机的工作原理最初是由冯·诺依曼提出的
        D．计算机运行时，会首先从硬盘中取出第一条指令
- 关于计算机硬件系统的描述，错误的是 (24) 。
    (24) A．运算器可进行算术运算，但不支持逻辑运算
        B．运算器由逻辑电路组成，算术逻辑单元是它的核心
        C．控制器从内存中取出指令后进行分析并产生控制信号，进而指挥其他各部件协调工作
        D．控制器和运算器一起组成了中央处理器
- 下列对于计算机存储器的描述，错误的是 (25) 。
    (25) A．主存速度快，容量小，外存速度慢，但容量大
        B．主存可直接向运算器和控制器提供数据和指令
        C．一旦计算机断电关闭，RAM 和 ROM 中的程序和数据会全部丢失
        D．Cache 的速度比主存要快，但比 CPU 要慢

- 以下关于中央处理器 CPU 的描述，错误的是 (26) 。
  - (26) A．字长是 CPU 在一次可处理的二进制数据的位数
    - B．主频是 CPU 工作时的时钟频率，是运算速度的主要指标
    - C．高速缓冲存储器是为了弥补内存的容量不足
    - D．CPU 的性能在很大程度上决定了整个计算机的性能
- 以下关于内存的描述，不正确的是 (27) 。
  - (27) A．内容的存储容量越大，性能越好，价格越高
    - B．存储时间指的是数据信息在内存中可以停留的时间长
    - C．存储周期是指连续启动两次操作所需间隔的最小时间
    - D．内存容量就是可以容纳的存储单元的总数量
- 以下选项中 (28) 不属于硬盘存储器的性能指标。
  - (28) A．缓存　　　　B．接口　　　　C．材质　　　　D．转速
- 以下关于硬盘存储的性能指标的理解，不正确的是 (29) 。
  - (29) A．接口分为 IDE、SATA．SCSI、SAS 和光纤通道五种
    - B．接口可影响硬盘的传输速率，不影响其支持的硬盘容量
    - C．转速的单位是 r/min，转速越高，数据传输速率越快
    - D．硬盘的缓存越大，硬盘与内存间的传输速率越高
- 以下关于光盘存储器的描述，不正确的是 (30) 。
  - (30) A．光盘存储器系统由光盘、光盘驱动器和光盘控制适配器组成
    - B．光盘存储器的主要特点是便携和低成本
    - C．光盘存储器可靠性高，信息保存寿命长
    - D．光盘存储器的读取速度比硬盘快
- 以下关于键盘的描述，错误的是 (31) 。
  - (31) A．键盘是计算机系统重要的输入设备
    - B．按一次 Backspace 键，用于删除光标前的一个字符，光标会后退一格
    - C．按下 CapsLock 键时，当 CapsLock 灯亮起时，表示大写锁定键已关闭，输入的字母为小写
    - D．按 Shift 键的同时输入字母，则输入的字母为大写
- 以下关于鼠标的描述，不正确的是 (32) 。
  - (32) A．鼠标的主要技术指标有灵敏度、按键点按次数和取样频率
    - B．灵敏度越高，对鼠标箭头的控制越精确
    - C．取样频率越高，箭头移动间隔越短，定位越准确
    - D．PS/2 接口的鼠标支持热插拔，而 USB 接口的鼠标不支持
- 以下关于计算机网络构成的描述，错误的是 (33) 。
  - (33) A．通信子网是计算机网络中负责数据通信的部分
    - B．资源子网是面向数据通信设备的部分

C．通信协议的三要素指的是语法、语义和时序

D．通信协议的语法要素指的是用来规定信息的格式

● 以下关于计算网络拓扑结构特点的描述，错误的是　(34)　。

(34) A．总线形网络结构是使用最普遍的一种，简单方便，性能好，缺点是总线故障会影响整个网络

B．网状形网络结构因每个节点都与其他节点连接，所以可靠性高，成本低，易于管理和维护

C．星形网络结构的缺点是中心节点负担重，容易形成瓶颈，线路利用率低

D．树形网络结构是一种分层网络，结构可以对称，具有容错能力

● 以下关于网络通信设备的描述，错误的是　(35)　。

(35) A．网卡是使计算机能与其他计算机进行通信的必要设备

B．当集线器为中心设备时，网络中的某条线路发生故障时，会导致其他所有线路瘫痪

C．交换机是用于电信号转发的网络互联设备，具有物理编址、校错和控制流量的功能

D．路由器能为经过它的各信息单元，在网络中寻找到最佳路径后将其传递到目标节点

● 以下关于计算机网络发展各阶段特征的描述，错误的是　(36)　。

(36) A．第二代计算机网络发展阶段的主要特点是局域网

B．以太网是世界上最早的计算机网络

C．第三代计算机网络发展阶段的主要特点是网络体系结构标准的建立

D．第四代计算机网络发展阶段的主要特点是因特网

● 以下关于 TCP/IP 主要协议的描述，正确的是　(37)　。

(37) A．TCP 是面向无连接的、不可靠的传输

B．UDP 是面向连接的、保证高可靠性的传输层协议

C．TCP 通过三次握手建立连接、通信完成时要拆除连接，用于端到端的传输

D．IP 主要应用于那些面向查询—应答的服务

● 以下关于 IP 地址的描述，错误的是　(38)　。

(38) A．IP 地址分为 A 类、B 类、C 类、D 类和 E 类 5 种类型，其中 A～D 类在全球分配

B．A 类地址最多有 126 个网络，即地址的范围是 1～126

C．D 类地址不分网络地址和主机地址，它第一个字节的前 4 位固定为 1110

D．C 类地址以 110 开头

● 以下关于 IP 地址的描述，错误的是　(39)　。

(39) A．A 类 IP 地址的范围是 0.0.0.0～127.255.255.255

B．B 类 IP 地址用 16 位表示网络位，用 16 位表示主机位

C．163.255.163.210 是 C 类地址

D．D 类地址不分网络地址和主机地址，它的前 4 位固定为 1110

● 以下关于操作系统的描述，不正确的是　(40)　。

(40) A．操作系统是一种应用软件

B．操作系统可以改善人机交互界面，便于用户使用

C．操作系统可以有效管理计算机的硬件资源和软件资源

D．操作系统是用户与计算机的接口

- 以下关于操作系统的描述，错误的是__(41)__。

  （41）A．UNIX、Linux 是典型的网络操作系统

  B．分时操作系统的主要特点是在分配和调度资源时，首先考虑实时性，其次才是效率

  C．VxWorks、iOS 属于嵌入式操作系统

  D．嵌入式操作系统的特点是系统内核小、专用性强、多任务、高实时性，需要开发工具和环境

- 目前主流的平板和手机使用的是__(42)__。

  （42）A．批处理系统　　B．网络操作系统　　C．多用户操作系统　　D．嵌入式操作系统

- 以下__(43)__属于 Windows 的桌面环境的内容。

  （43）A．工具栏　　　　B．标题栏　　　　C．任务栏　　　　D．状态栏

- 下列选项说法错误的是__(44)__。

  （44）A．在按住 Shift 键的同时，选择删除文件命令，则表明该文件会被彻底删除，无法恢复

  B．将桌面上的一个文件用鼠标拖动至回收站，该文件可以通过回收站进行找回和恢复操作

  C．回收站是计算机主存空间的一部分

  D．当计算机断电关闭后，回收站中的文件不会被清空

- 以下__(45)__属于 Windows 桌面操作。

  （45）A．选择　　　　B．关闭　　　　C．保存　　　　D．合并

- 以下__(46)__属于 Windows 多任务窗口的排列方式。

  （46）A．居中排列方式　　B．交叉对齐方式　　C．层叠方式　　D．均匀分布方式

- 以下对 Windows 桌面图标的操作的描述，正确的是__(47)__。

  （47）A．单击桌面某个图标后，再在桌面空白区域单击一次，即可将该图标移动至鼠标单击处

  B．右键双击某个图标，即可启动该程序

  C．将某个图标拖动至回收站，表示删除该图标

  D．单击某程序的图标后，按住 Shift 键的同时再按一次 Delete 键，即可卸载该程序

- When the computer is turned off, the data and files saved on the __(48)__ will be deleted.

  （48）A．RAM　　　　B．computer desktop　　　　C．hard disk　　　　D．recycle bin

- __(49)__ is the hardware device of a computer.

  （49）A．Access　　　　B．OS　　　　C．Excel　　　　D．CPU

- 以下关于数据库管理系统的描述，正确的是__(50)__。

  （50）A．关系模式是对关系的描述，对应一个关系的结构

  B．元组就是指表中的一列，也称为一个字段或数据项

  C．属性就是指表中的一行，也称为一个记录

  D．域就是属性

- 以下关于关系数据库特点的描述，正确的是 __(51)__ 。

  (51) A．关系中允许出现相同的记录

  B．关系中不能出现相同的字段

  C．关系中的行、列次序不能随意交换

  D．关系中每一列中的元素允许是不同类型的数据

- 将 D 盘根目录的 RUANKAO.DOC 进行内容编辑后，选择"文件"菜单中的"另存为"命令，进行更名保存，以下描述正确的是 __(52)__ 。

  (52) A．D 盘原文件 RUANKAO.DOC 改名为 RUANKAO.DOC.BAK，编辑后的内容仍保存在 RUANKAO.DOC 中

  B．D 盘原文件 RUANKAO.DOC 中的内容没有变化，编辑后的内容作为一个新文件被保存起来，新文件名由用户指定

  C．D 盘原文件 RUANKAO.DOC 中的内容被编辑后的内容所覆盖

  D．D 盘原文件 RUANKAO.DOC 被删除，编辑后的内容作为新文件被保存起来，新文件名由用户指定

- 选择 Word 中某个完整的表格后按 Delete 键，以下描述正确的是 __(53)__ 。

  (53) A．会删除整个表格　　　　　　B．会删除该表格中的某一行

  C．会删除该表格中的某一列　　D．表格中的内容被删除，表格没有变化

- 以下关于 Word 文档字号的描述，正确的是 __(54)__ 。

  (54) A．四号字大于五号字　　　　　B．四号字小于五号字

  C．16 磅字大于 18 磅字　　　　　D．字的大小一样，字体不同

- 下列关于 Word 中插入页码的叙述，不正确的是 __(55)__ 。

  (55) A．可以将页码插入到页面的右下方　　B．可以将页码插入到页面顶端居中的地方

  C．页码的插入只能从文档的首页开始　　D．页码的数字格式可以选用Ⅰ、Ⅱ、Ⅲ、…

- 下列关于 Word 操作的叙述，不正确的是 __(56)__ 。

  (56) A．Word 模板的文件类型与普通文档的文件类型相同

  B．Word 打印预览中可以对所预览的文档大小进行缩放

  C．Word 文档纸张的类型可以选择为横向或者纵向

  D．在文档中插入的图片、图形都是 Word 中的对象

- 关于 Word 文档打印的叙述，错误的是 __(57)__ 。

  (57) A．可以打印一个文档中的任意一页

  B．可以打印光标所在的当前页

  C．可以打印选中的内容

  D．需打印第 4 页和第 6 页时，应在页码范围栏中输入 4、6

- 选中 ruankao.doc 文档后，再选择"视图"菜单下的"新建窗口"命令后， __(58)__ 。

  (58) A．只有原来的窗口中有文档的内容　　B．只有新建的窗口中有文档的内容

  C．两个窗口中都有文档的内容　　　　D．两个窗口中都没有文档的内容

- 打开 ruankao.doc 文档，未进行任何编辑操作，以下描述正确的是___（59）___。

    （59）A．撤销命令无效，恢复命令无效   B．撤销命令有效，恢复命令无效

    　　　C．撤销命令无效，恢复命令有效   D．撤销命令有效，恢复命令有效

- 下列关于 Word 的查找与替换的叙述，正确的是___（60）___。

    （60）A．只能对字母数字进行查找和替换

    　　　B．不能对指定格式的文本进行查找与替换

    　　　C．不能对标点符号进行查找与替换

    　　　D．不能对指定段落内的指定术语进行查找与替换

- 选中 Word 中的整个表格后执行"表格"菜单中的"删除行"命令，则___（61）___。

    （61）A．整个表格被删除   B．表格中第一行被删除

    　　　C．表格中第一行的内容被删除   D．只是表格被删除，表格中的内容不会被删除

- Excel 不支持的是___（62）___。

    （62）A．算术运算符   B．逻辑运算符   C．关系运算符   D．字符运算符

- 选中 Excel 的某个单元格并输入 123，按 Enter 键后此单元格的显示内容为￥123，表明该单元格的格式属于___（63）___。

    （63）A．数值   B．文本   C．科学记数   D．货币

- Excel 中的 B1 单元格内容是空格，B2 单元格内容是数值 2，B3 单元格内容为数值 3，B4 单元格内容为数值 4.5，B5 单元格内容为数值 5.5，在 B6 单元格输入"=COUNT(B1:B5)"并按 Enter 键，则 B6 单元格会显示___（64）___。

    （64）A．1   B．4   C．5   D．15

- 若 Excel 中单元格 C5=1000、D5=50、C6=6000、D6=40，在单元格 E5 中输入公式"=C5*D5"，再将此公式复制到 E6 单元格中，则 E6 单元格的值是___（65）___。

    （65）A．50000   B．2000   C．240000   D．300000

- 在 Excel 的 A1 单元格中输入函数"=ROUND(3.1415,2)"，则 A1 单元格中显示的值为___（66）___。

    （66）A．3.1   B．3.14   C．3.142   D．3.1415

- 在 Excel 单元格中，如果数据显示宽度不够，则单元格中显示___（67）___。

    （67）A．####   B．#DIV/0!   C．#REF!   D．#VALUE!

- 在 Excel 中使用工作表中的数据建立图表后，如果改变工作表的内容和数据，___（68）___。

    （68）A．要重新建立图表   B．图表会同时改变

    　　　C．下次打开该工作表时图表的内容才会改变   D．图表不会变化

- 在 Excel 的 C1:C5 单元格中的值分别为 2、NOT、3、YES 和 6，在 D7 单元格中输入函数"=COUNT(C1:C5)"，按 Enter 键后，D7 单元格中显示的值为___（69）___。

    （69）A．1   B．2   C．3   D．5

- 下列选项与函数 AVERAGE(F2:F6) 计算结果不一致的是___（70）___。

    （70）A．F2+F3+F4+F5+F6/5   B．(F2+F3+F4+F5+F6)/5

    　　　C．SUM(F2:F6)/5   D．F2/5+F3/5+F4/5+F5/5+F6/5

- 在 Excel 中，若 A1、A2、B1、B2 单元格中的值分别为 42、35、15、9，在 B3 单元格中输入

函数"=IF(A1<=24,A2,B2)",按 Enter 键后,则 B3 单元格中的值为__(71)__。

(71) A. 42　　　　B. 35　　　　C. 15　　　　D. 9

● 在 Excel 中,设 A1 单元格中的值为 computer,若在 A2 单元格中输入文本函数"=RIGHT(A1,4)",按 Enter 键后,则 A2 单元格中的值为__(72)__。

(72) A. comp　　　B. pute　　　C. uter　　　D. ompu

● 在 PowerPoint 中,"查找"的快捷键是__(73)__。

(73) A. Ctrl+F　　B. Alt+H　　C. Alt+F　　D. Ctrl+H

● 需要从 PowerPoint 中的第 1 张幻灯片直接跳转到第 5 张幻灯片,那么,应在第 1 张幻灯片中添加__(74)__,并对其进行相关设置。

(74) A. 页眉页脚　　B. 预设动画　　C. 幻灯片切换　　D. 动作按钮

● 在 PowerPoint 中,打印幻灯片范围"1-4,8,15"表示打印的范围是__(75)__。

(75) A. 第 1 到第 4 页,第 8 页,第 15 页
　　　B. 第 1 到第 4 页,第 8 页,第 15 页到最后一页
　　　C. 第 1 页,第 4 页,第 8 页,第 15 页
　　　D. 第 1 到第 4 页,第 8 页,第 15 页到当前幻灯片

信息处理技术员机考试卷　第 5 套
应用技术卷

试题一（Word）

【说明】根据下列素材，按要求完成操作。
海市蜃楼的成因
　　海市蜃楼是一种光学幻景，是地球上物体反射的光经大气折射而形成的虚像。海市蜃楼简称蜃景，根据物理学原理，海市蜃楼是由于不同的空气层有不同的密度，而光在不同的密度的空气中又有着不同的折射率。也就是因海面上冷空气与高空中暖空气之间的密度不同，对光线折射而产生的。
　　发生在沙漠里的"海市蜃楼"，就是太阳光遇到了不同密度的空气而出现的折射现象。沙漠里，白天沙石受太阳炙烤，沙层表面的气温迅速升高。由于空气传热性能差，在无风时，沙漠上空的垂直气温差异非常显著，下热上冷，上层空气密度高，下层空气密度低。当太阳光从密度高的空气层进入密度低的空气层时，光的速度发生了改变，经过光的折射，便将远处的绿洲呈现在人们眼前了。在海面或江面上，有时也会出现这种"海市蜃楼"的现象。

【要求】
1. 在指定的空白 Word 文档中，录入以上的全部内容。
2. 将第一句"海市蜃楼的成因"设置为宋体、四号、字体颜色为黑色，加粗并居中对齐，添加红色的双下划线。
3. 将第一段和第二段首行都设置为首行缩进，各行间距都设置为 1.5 倍。
4. 全部正文内容的字体设置为宋体、小四号、字体颜色为黑色。
5. 为第一段添加绿色、宽度为 2.25 磅线条的边框。
6. 将第二段内容添加"绿色、个性色 6，淡色 80%"底纹颜色，图案为 10% 的红色纯色图案。

试题二（Word）

【说明】本题的素材如下图所示，请根据要求完成相关操作。
【要求】
1. 在指定的空白 Word 文档中，插入表格，并将素材内容录入表格中。
2. 将表格行高设置为 1.5 厘米，表格网格线设置为蓝色的 1.5 磅实线。
3. 表格中的全部内容都使用水平、垂直居中对齐。
4. 绘制和素材表一致的左上角第一个单元格，按素材格式输入字段名：种类、销售额、月份。

5．利用公式分别汇总出各商品的销售额合计、各月商品的销售额合计。

种类 \ 月份 \ 销售额	三月	四月	合计
水果	17500	12000	
零食	7900	8700	
合计			

试题三（Excel）

【说明】本题素材如下图所示，按后续要求完成操作。

2023期末考试奖惩统计表

学号	姓名	性别	专业	语文	数学	英语	总分	排名	奖惩
Y23$10%29PZ001	张壹	男	软设	57	100	59	216		
Y23$10%29PZ002	张贰	女	大数据	67	99	69	235		
Y23$10%29PZ003	张叁	男	人工智能	77	98	79	254		
Y23$10%29PZ004	张肆	女	数媒	87	97	89	273		
Y23$10%29PZ005	张伍	男	计应	97	96	99	292		
Y23$10%29PZ006	张陆	女	软设	57	95	59	211		
Y23$10%29PZ007	张柒	男	大数据	67	94	69	230		
Y23$10%29PZ008	张捌	女	人工智能	77	93	79	249		
Y23$10%29PZ009	张玖	男	数媒	87	92	89	268		
Y23$10%29PZ010	张壹拾	女	计应	97	91	99	287		
Y23$10%29PZ011	张壹拾壹	男	软设	57	90	59	206		
Y23$10%29PZ012	张壹拾贰	女	大数据	67	89	69	225		
Y23$10%29PZ013	张壹拾叁	男	人工智能	77	88	79	244		
Y23$10%29PZ014	张壹拾肆	女	数媒	87	87	89	263		
Y23$10%29PZ015	张壹拾伍	男	计应	97	86	99	282		
Y23$10%29PZ016	张壹拾陆	女	软设	57	79	59	195		
Y23$10%29PZ017	张壹拾柒	男	大数据	67	84	69	220		
Y23$10%29PZ018	张壹拾捌	女	人工智能	77	83	79	239		
Y23$10%29PZ019	张壹拾玖	男	数媒	87	82	89	258		
Y23$10%29PZ020	张贰拾	女	计应	97	81	99	277		
平均分								不填	不填
及格率							不填	不填	不填
获奖率							不填	不填	不填

【要求】

1．按照素材提示，将内容和数据录入 Excel 中。

2．根据总分从高到低用 RANK 函数进行排名。

3．根据"奖励总分大于等于 280 分的同学奖杯+奖牌+证书，奖励总分大于等于 260 分的同学奖杯+证书，奖励总分大于等于 240 分的同学奖牌+证书，总分小于 200 分的同学标注"补考"，其余人员标注"证书"。

4．用 AVERAGE 函数计算出各科目的平均分。

5．用 COUNT 和 COUNTIF 函数计算出各科目的及格率，及格分数为大于等于 60 分。

6. 用 COUNT 和 COUNTIF 函数计算出各科目的获奖率，获奖的人数为各科目成绩大于等于 90 分的人。

7. 将表格的外框设置为蓝色、粗实线。

8. 将第一个行中的"2023 期末考试奖惩统计表"字体设置为红色、加粗、居中。

试题四（Excel）

【说明】本题素材如下图所示，按后续要求完成操作。

姓名	部门	7月	8月	9月	10月	11月	12月	汇总	排名	奖金
赵莹	市场部	3500	5600	7400	3600	5600	9800	35500		
冯淼	销售部	6800	3400	6800	6500	3400	5600	32500		
张明明	销售部	12000	8600	4600	4600	8600	3400	41800		
丁婷	市场部	3400	4600	6900	9800	6600	8600	39900		
贾云波	生产部	6500	8900	3890	5600	6500	6600	37990		
顾江	销售部	8300	8800	6600	3400	9900	6500	43500		
高强	生产部	6900	9400	8500	8600	10000	9900	53300		
张磊	销售部	2300	3200	6600	6500	6000	10000	35100		
李季	市场部	9800	3600	6500	6500	9900	6500	42800		
钟意	生产部	3680	6500	4900	9900	3600	9900	38480		
季丰收	市场部	6600	4600	8900	10000	6500	5600	42200		
代燕	市场部	6500	9800	8700	6500	4600	3400	39500		
杜君君	销售部	9900	4800	9900	9900	9800	8600	52900		
董杰	生产部	10000	9900	7600	6500	6500	6500	47000		
张百强	销售部	3000	4500	8000	9900	9900	4400	39700		

【要求】

1. 按照素材提示，将内容和数据录入 Excel 中。

2. 用 SUM 函数汇总各销售员 7—12 月的业绩汇总。

3. 用 RANK 函数按总成绩从高到低进行排名。

4. 用 IF 函数对各销售人员的奖金分配情况进行统计和金额标注，奖金分配标准是：总业绩大于等于 40000，则奖金额为总业绩的 10%；若总业绩大于等于 35000，则奖金额为总业绩的 5%，其余人员全部标注为"无奖励"。

试题五（PowerPoint）

【说明】本题素材如下，请按后面的要求完成操作。

中国现代喀斯特是在燕山运动以后准平原的基础上发展起来的。老第三纪时，华南为热带气候，峰林开始发育；华北则为亚热带气候，至今在晋中山地和太行山南段的一些分水岭地区还遗留有缓丘—洼地地貌。但当时长江南北却为荒漠地带，是喀斯特发育很弱的地区。

新第三纪时，中国季风气候形成，奠定了现今喀斯特地带性的基础，华南保持了湿热气候，华中变得湿润，喀斯特发育转向强烈。尤其是第四纪以来，地壳迅速上升，喀斯特地貌随之迅速发育，类型复杂多样。随冰期与间冰期的交替，气候带频繁变动，但在交替变动中气候带有逐步南移的特点，华南热带峰林的北界达南岭、苗岭一线，在湖南道县为北纬 25°40′。在贵州为北纬 26°左右。

【要求】

1. 新建两张幻灯片，将第一段文字录入到第一张幻灯片中，将第二段文字录入到第二张幻灯片中。

2. 再新建一张幻灯片，插入横版文本框，然后在内部输入"喀斯特的成因"，文字格式设置为：宋体、44 号、居中、加粗、字体颜色为蓝色，并将这张幻灯片移动到最前面成为演示文稿的第一页。

3. 将第二张和第三张幻灯片中的文字内容格式均调整为：宋体、黑色、24 号字、行间距设置为 1.5 倍、首行缩进，并将文本框背景填充为浅蓝色，适当调整文本框的尺寸，使内容均匀地处于幻灯片的最佳位置，以保证良好的观感。

4. 将第三张幻灯片的背景颜色设置为浅绿色，透明度调整为 59%。

5. 为第一张幻灯片"喀斯特的成因"添加"缩放"的进入动画效果，将第二张的切换效果设置为"擦除"，将第三张切换效果设置为"形状"。

试题六（PowerPoint）

【说明】本题素材如下，请按后面的要求完成操作。

云计算旨在通过网络把多个成本相对较低的计算实体整合成一个具有强大计算能力的完美系统，并借助先进的商业模式让终端用户可以得到这些强大计算能力的服务。如果将计算能力比作发电能力，那么从古老的单机发电模式转向现代电厂集中供电的模式，就好比大家习惯的单机计算模式转向云计算模式，而"云"就好比发电厂，具有单机所不能比拟的强大计算能力。这意味着计算能力也可以作为一种商品进行流通，就像煤气、水、电一样，取用方便、费用低廉，以至于用户无须自己配备。与电力是通过电网传输不同，计算能力是通过各种有线、无线网络传输的。

【要求】

1. 新建幻灯片，将题目文字录入，将第二段文字录入到第二张幻灯片中，段落格式要求为首行缩进，行间距 1.5 倍。字体格式要求为红色、楷体、20 磅。

2. 为文本框添加"弹跳"动画效果，并将该动画的播放效果设置为：从上一项开始、伴随有爆炸声音。

3. 为幻灯片插入页码和可以自动更新的日期和时间，两者的字体颜色都设置为浅蓝、加粗和 15 磅，并将页码放置在页面左下角，日期和时间放置在页面右下角。

信息处理技术员机考试卷 第 5 套
基础知识卷参考答案/试题解析

（1）**参考答案**：B

试题解析 数据和信息不是完全一样的概念，不能混同，但数据和信息也并不是完全独立和割裂的。数据是信息的载体，信息是通过数据所提炼出的有价值的内容。

（2）**参考答案**：D

试题解析 很明显选项 A 和选项 D 是相互冲突的，只要有事物存在的地方就存在信息。

（3）**参考答案**：C

试题解析 信息技术有五大特点：数字化、高速和大容量化、智能化、综合化与网络化、柔性化。信息技术的柔性化是指运用计算机软件和自动化技术，通过系统结构、人员组织、运作方式和市场营销等改革，使生产系统和管理系统能对市场需求变化做出快速的适应。

（4）**参考答案**：D

试题解析 企业信息化的主要目的是促进业务模式、组织架构和经营战略变革，更重要的是促进内部核心的转变而不仅仅是形式。

（5）**参考答案**：C

试题解析 信息的重要特性之一就是"识别性"，如果信息不具有"识别性"，人类就无法获取各种信息。

（6）**参考答案**：D

试题解析 输入、存储、处理、输出和控制是信息系统的五大基本功能。

（7）**参考答案**：D

试题解析 信息传递的三要素：信源、信道和信宿。信息的接收者称为信宿。

（8）**参考答案**：D

试题解析 题目要求从 3 种科目的图书中取出 2 种，那么有 3 类情况：数学和语文各 1 本（3×5=15 种取法）、数学和英语各 1 本（3×6=18 种取法）、语文和英语各 1 本（5×6=30 种取法），所有共有 3×5+3×6+5×6=63 种取法。

（9）**参考答案**：C

试题解析 个体是每个手机的寿命而不是所抽取的 1000 个手机。样本是 1000 个手机的寿命。样本容量是 1000。

（10）**参考答案**：B

试题解析 描述任何一种事物都存在无数个维度，我们不可能获得事物的全部信息。

（11）**参考答案**：D

⚑试题解析　将原价拟定为 x，$(0.8x-24)/x=0.56$，求得 $x=100$。

（12）参考答案：C

⚑试题解析　饼图适合用来显示个体项目在总体中所占的比例，圆环图是饼图的一种变体，也可用来显示各个部分与整体之间的关系，条形图适合用来显示成对数据之间的比较关系，雷达图则侧重于多维度的整体评价。

（13）参考答案：C

⚑试题解析　雷达图可用于对分析对象进行多属性维度的评价，分析成长趋势和上限宜用曲线图。

（14）参考答案：A

⚑试题解析　要进行信息收集前，首先必须根据业务部门提出的目标和规划来制订收集计划，只有制订出科学、合理的收集计划才能指导后续各项工作的开展；其次，为便于后续的处理环节，一般在收集前，根据目的和要求设计出配套的收集提纲和工具表；再次，明确数据源和收集方法，进而实施收集行为；最后，在完成收集工作后，以报告、图标等形式将数据进行整理形成成果。

（15）参考答案：C

⚑试题解析　信息的清洗与整理的主要工作是纠正可识别的错误数据，删除重复的数据，检查一致性，处理无效数据和缺失数据等，信息清洗与整理的工作量很大，但对于保证数据质量关系很大。

（16）参考答案：C

⚑试题解析　我国对于发明专利的保护期限是自申请日起 20 年，对外观设计专利的保护期限是 15 年，对实用新型专利的保护期限是 10 年，对公民的作品发表权的保护期限是 50 年，对于商标权的保护期限是 10 年。

（17）参考答案：B

⚑试题解析　可用性是指可以被授权实体的访问并按需求使用，而不是不加以限制、无条件地使用。

（18）参考答案：D

⚑试题解析　信息安全的 7 个基本要素分别是可用性、保密性、完整性、真实性、可控性、可核查性和不可抵赖性。非线性属于多媒体技术的特征之一。

（19）参考答案：A

⚑试题解析　二维码和超链接一样，在未明确其可信的来源时不应随意打开或扫描。

（20）参考答案：B

⚑试题解析　本题考查涉密等级的划分标准，我国将涉密信息等级分为秘密、机密和绝密三级。

（21）参考答案：C

⚑试题解析　计算机的特点主要有：运算速度快、计算精度高、逻辑判断和记忆能力强、自动化程度高、通用性强。

（22）参考答案：C

⚑试题解析　没有软件的计算机是无法工作的，只有硬件而没有软件的计算机称为"裸机"。

（23）**参考答案**：D

🖊**试题解析** 计算机的启动程序、计算机系统的基本指令集等，都是由生产厂商直接写入计算机 ROM 内存中的，而不是硬盘中。

（24）**参考答案**：A

🖊**试题解析** 运算器既可进行算术运算，也可以进行逻辑运算。

（25）**参考答案**：C

🖊**试题解析** ROM 是只读存储器，其中的数据是出厂时被预先固定写入的，断电后不会丢失。

（26）**参考答案**：C

🖊**试题解析** 高速缓冲存储器 Cache 的主要功能是缓冲 CPU 和内存之间的速度差异，提升了 CPU 访问内存的速度。

（27）**参考答案**：B

🖊**试题解析** 存储时间指的是内存地址被选中后，把数据读入 CPU 或从 CPU 写到内存所用的时间，并不是指信息在内存中可停留时间。

（28）**参考答案**：C

🖊**试题解析** 硬盘存储器的衡量指标有 4 个：接口、转速、容量和缓存。

（29）**参考答案**：B

🖊**试题解析** 接口是衡量硬盘性能的主要指标，不仅能决定硬盘的传输速度，同时也会影响所支持的硬盘容量。

（30）**参考答案**：D

🖊**试题解析** 光盘存储器的读取速度比硬盘慢。

（31）**参考答案**：C

🖊**试题解析** CapsLock 是大写锁定键，CapsLock 灯亮起时输入的字母为大写。

（32）**参考答案**：D

🖊**试题解析** PS/2 接口的鼠标不支持热插拔，USB 接口的鼠标支持热插拔。

（33）**参考答案**：B

🖊**试题解析** 资源子网就是计算机网络中面向用户的部分，负责全网络面向应用的数据处理工作。

（34）**参考答案**：B

🖊**试题解析** 网状形网络结构虽然具有比较高的可靠性，但结构过于复杂，组网的费用成本较高，又因各节点相互连接，后期的维护和管理工作也不容易。

（35）**参考答案**：B

🖊**试题解析** 集线器是一个多端口的转发器，当以它为中心设备时，网络中某条线路发生故障时，并不会影响其他线路的工作，集线器常被用于星形和树形网络结构中。

（36）**参考答案**：B

🖊**试题解析** 世界上最早的计算机网络是 ARPANET，而不是以太网。

（37）**参考答案**：C

🖊**试题解析** TCP 是面向连接的、可靠的（数据无丢失、无失序、无错误、无重复到达）的传输层协议,它通过三次握手建立连接,通信完成时要拆除连接,用于端到端的传输。

(38) 参考答案:A

💡试题解析 A类、B类、C类这三类IP地址由Internet委员会在全球范围内统一分配,而D类和E类是特殊网络,并不在全球进行分配。

(39) 参考答案:C

💡试题解析 B类地址的范围是128.0.0.0～191.255.255.255,C选项中地址163.255.163.210属于B类地址。

(40) 参考答案:A

💡试题解析 操作系统是系统软件,是计算机正常运行和工作所必须安装的软件。

(41) 参考答案:B

💡试题解析 分时操作系统的主要特点是交互性、多路性、独立性、及时性。

(42) 参考答案:D

💡试题解析 目前主流的手机和平板所搭配的操作系统主要是Android和iOS,均属于嵌入式操作系统。

(43) 参考答案:C

💡试题解析 工具栏、标题栏、状态栏属于应用软件中的内容。

(44) 参考答案:C

💡试题解析 回收站是硬盘的一部分,主要用于保存用户临时删除的文件资料,硬盘属于辅存而非主存。

(45) 参考答案:A

💡试题解析 Windows桌面的操作主要包含新建、排列、选择、打开或执行、设置。

(46) 参考答案:C

💡试题解析 Windows任务窗口的排列方式有层叠方式、横向平铺方式、纵向平铺方式3种。

(47) 参考答案:C

💡试题解析 选项A的操作无法实现该图标的移动操作;若需启动某程序,需要用鼠标左键双击,右键双击无法打开该程序;选项D的操作只能删除该图标,对其所对应的程序软件无法卸载。

(48) 参考答案:A

💡参考译文 计算机关闭后,保存在___(48)___的数据和文件会被删除。
A. 随机读写存储器　　　　B. 电脑桌面　　　　C. 硬盘　　　　D. 回收站

(49) 参考答案:D

💡参考译文 ___(49)___是计算机的硬件设备。
A. 微软Access(属于系统软件)　　　　B. 操作系统(属于系统软件)
C. 微软Excel(属于应用软件)　　　　　D. 中央处理器(属于硬件设备)

(50) 参考答案:A

💡试题解析 元组是指表中的一行,属性是指表中的一列,域指的是属性的取值范围。

(51) 参考答案:B

💡**试题解析** 在关系数据库中，关系中不能出现相同的记录和字段。关系中的行、列次序可以任意交换，不影响其信息内容。关系中每一列元素必须是同一类型的数据，来自同一个域。

（52）**参考答案**：B

💡**试题解析** 打开某个文档然后进行编辑，如果不保存的话原文档不会发生任何改变。如果选择"另存为"命令，则修改后的文件将以新的名称保存，原文档页不会发生任何变化。因此，D盘中原来的文件 RUANKAO.DOC 中的内容不变，编辑后的内容作为一个新文件被保存起来，新文件名由用户指定。

（53）**参考答案**：D

💡**试题解析** 在 Word 的编辑过程中，选择整个表格后按 Delete 键只会删除表格中的内容而不会删除该表格，也不会删除表格中的任意行或列。

（54）**参考答案**：A

💡**试题解析** Word 中的字号分两种，一种是用汉字数字表示的字号（如三号、四号等），数值越大字越小；二是用阿拉伯数字表示的字的大小，实际指的是字的磅数，值越大字越大。

（55）**参考答案**：C

💡**试题解析** 页码可以从文档的任意页开始。

（56）**参考答案**：A

💡**试题解析** Word 模板的文件类型为.dot，普通文档的文件类型为.doc。

（57）**参考答案**：D

💡**试题解析** 打印页码不连续的文档时，输入各页码范围时用逗号","隔开。

（58）**参考答案**：C

💡**试题解析** 选择"新建窗口"命令后，两个窗口中都有文档的内容。

（59）**参考答案**：A

💡**试题解析** Word 的撤销和恢复功能会保留最近的编辑行为记录，如果未对内容进行编辑和修改，则撤销命令和恢复命令均无效。

（60）**参考答案**：B

💡**试题解析** 使用 Word 可以对指定的字符或字符串进行查找和替换，高级操作中可以使用通配符和代码来扩展搜索，但不能对指定的格式进行查找或替换操作。

（61）**参考答案**：A

💡**试题解析** 选中整个表格并执行"表格"菜单中的"删除行"命令，整个表格将被删除，如果只选中其中的某一行，则仅删除选中的行以及该行内的所有内容。

（62）**参考答案**：B

💡**试题解析** Excel 支持算术运算符、关系运算符和字符运算符，不支持逻辑运算符。
其中算术运算符包括：+ — * / % ^
关系运算符包括：> >= < <= = <>
字符运算符包括：&

（63）**参考答案**：D

💡**试题解析** Excel 中货币格式的单元格在输入数字后会自动在数字前面添加货币符号。

125

(64)参考答案：B

试题解析　COUNT 函数的功能是返回包含数字的单元格的个数。COUNT(B1:B5)的统计范围是 B1、B2、B3、B4、B5 这 5 个单元格，其中空格将被忽略，所以统计结果是 4 个。

(65)参考答案：C

试题解析　将公式 E5 中的公式复制到 E6 单元格属于相对引用，复制后 E6 单元格会自动调整为 C6*D6，因此 E6 单元格的值为 E6=C6*D6=240000。

(66)参考答案：B

试题解析　ROUND 是四舍五入函数，"=ROUND(3.1415,2)"的含义是计算 3.1415 精确到小数点后两位的值。

(67)参考答案：A

试题解析　"####"表示列不够宽或者输入了负的日期或时间；"#REF!"表示单元格引用无效；"#DIV/0!"表示出现了除数为 0 的情况；"#VALUE!"表示参数或操作数类型错误。

(68)参考答案：B

试题解析　在 Excel 中，使用工作表中的数据建立图表后，改变工作表的内容和数据时，图表将同时更新变化。

(69)参考答案：C

试题解析　"=COUNT(C1:C5)"的含义是统计 C1 到 C5 单元格中的数字单元格有多少个，COUNT 函数不统计字母单元格。

(70)参考答案：A

试题解析　函数 AVERAGE(F2:F6)的含义是对 F2、F3、F4、F5、F6 这 5 个单元格的值求平均数。

(71)参考答案：D

试题解析　函数"=IF(A1<=24,A2,B2)的含义是如果 A1 单元格中的值小于等于 24，就返回 A2 单元格中的值，否则返回 B2 单元格中的值。题目中 A1 单元格中的值为 42，大于 24，因此返回 B2 单元格中的值 9。

(72)参考答案：C

试题解析　RIGHT 的功能是从字符串右端取指定个字符。函数"=RIGHT(A1,4)"的含义是从 computer 右端取 4 个字符，因此结果为"uter"。

(73)参考答案：A

试题解析　在 PowerPoint 中，"查找"的快捷键是 Ctrl+F。

(74)参考答案：D

试题解析　在 PowerPoint 中，可以通过在演示文稿中添加超级链接实现页面的跳转。PowerPoint 提供了两种创建超级链接的方法：使用"超级链接"命令和使用"动作按钮"。

(75)参考答案：A

试题解析　自定义打印页码时，连续的多张幻灯片使用符号"-"连接，不连续的多张幻灯片用符号","连接。

信息处理技术员机考试卷　第 5 套
应用技术卷参考答案/试题解析

试题一（Word）参考答案/试题解析

参考答案

本题的操作结果如图 5-1-1 所示。

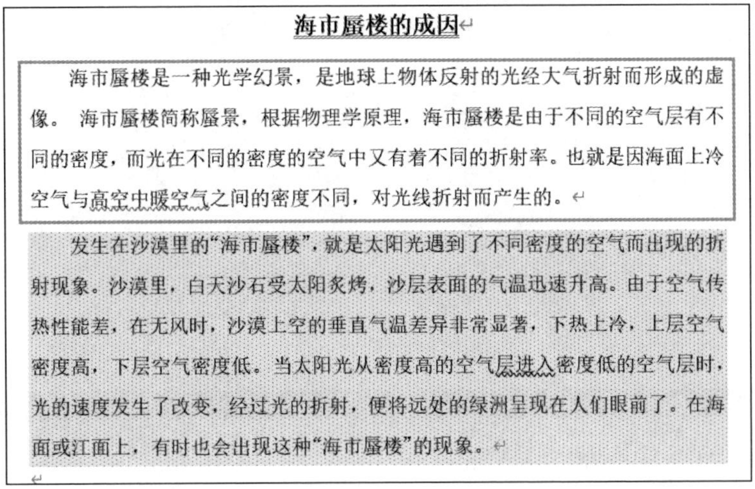

海市蜃楼的成因

海市蜃楼是一种光学幻景，是地球上物体反射的光经大气折射而形成的虚像。 海市蜃楼简称蜃景，根据物理学原理，海市蜃楼是由于不同的空气层有不同的密度，而光在不同的密度的空气中又有着不同的折射率。也就是因海面上冷空气与高空中暖空气之间的密度不同，对光线折射而产生的。

发生在沙漠里的"海市蜃楼"，就是太阳光遇到了不同密度的空气而出现的折射现象。沙漠里，白天沙石受太阳炙烤，沙层表面的气温迅速升高。由于空气传热性能差，在无风时，沙漠上空的垂直气温差异非常显著，下热上冷，上层空气密度高，下层空气密度低。当太阳光从密度高的空气层进入密度低的空气层时，光的速度发生了改变，经过光的折射，便将远处的绿洲呈现在人们眼前了。在海面或江面上，有时也会出现这种"海市蜃楼"的现象。

图 5-1-1

试题解析

1．打开指定的答题空白 Word 文档，根据素材输入全部内容。

2．选中文本"海市蜃楼的成因"，然后在"开始"菜单的"字体"功能区，按要求设置其字体、字号、颜色、加粗、下划线。然后再在"段落"功能区中设置"居中"对齐。

3．通过左侧选定栏快速选定这两段文字（或者用鼠标拖动进行选定），然后单击"开始"菜单"段落"功能区右下角的箭头，进入"段落"设置对话框，在其中可对首行缩进段落的行距进行相应设置，如图 5-1-2 所示。

4．拖动鼠标选定全部正文文本，在"开始"菜单的"字体"功能区对其字体、字号、颜色进行设置。

5．用鼠标拖动选定（或通过双击第一段左侧灰色的选定区）第一段文字，然后单击"设计"菜单"页面背景"功能区中的"页面边框"按钮，弹出"边框和底纹"对话框，选择"边框"选项卡，先选择"方框"，再按题目要求设置边框参数，应用范围选择"段落"，完成设置，如图 5-1-3 所示。

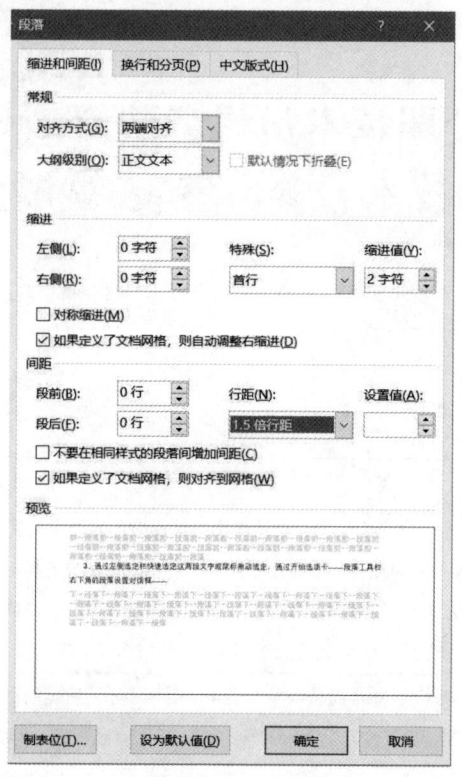

图 5-1-2

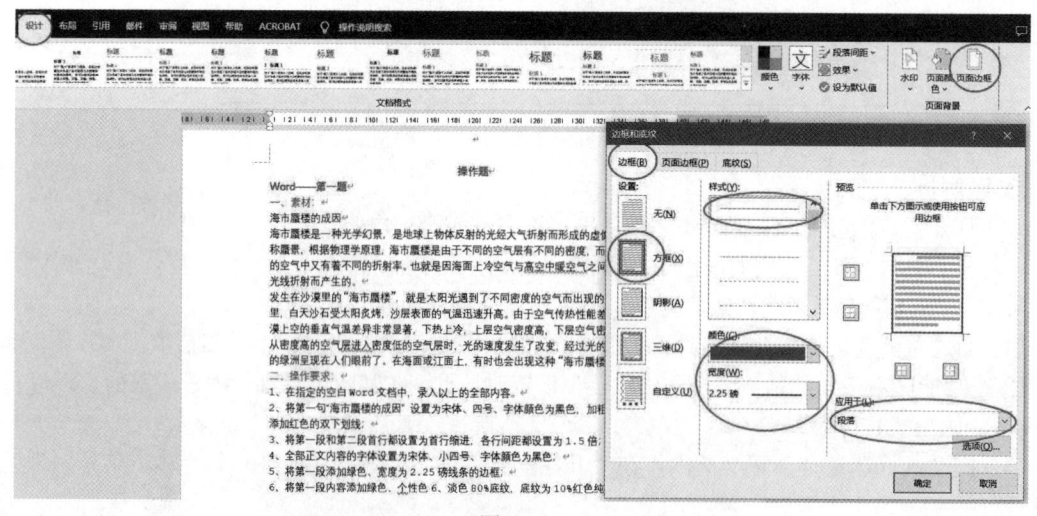

图 5-1-3

6. 选定第二段文字，单击"设计"菜单"页面背景"功能区中的"页面边框"按钮，弹出"边框和底纹"对话框，选择"底纹"选项卡，在其中进行底纹颜色相关设置，如图 5-1-4 所示。

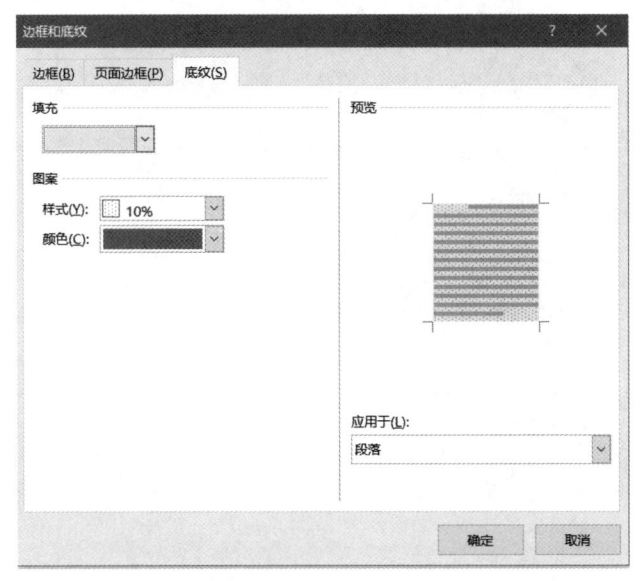

图 5-1-4

试题二（Word）参考答案/试题解析

参考答案

本题操作结果如图 5-2-1 所示。

月份 销售额 种类	三月	四月	合计
水果	17500	12000	29500
零食	7900	8700	16600
合计	25400	20700	46100

图 5-2-1

试题解析

1．打开指定的答题 Word 文档，单击"插入"菜单"表格"功能区中"表格"图标下的倒三角符号，插入一个 4 行 4 列的表格。

2．选定全部表格后，单击右键，在快捷菜单中选择"表格属性"命令，在"行"选项卡中可对表格的行高进行设置。在"表格"选项卡单击"边框和底纹"，可对边框的粗细、颜色进行设置。

3．全选表格，单击右键，在快捷菜单中选择"表格属性"命令，在"表格"选项卡中设置"居中对齐"方式，如图 5-2-2 所示。在"单元格"选项卡中设置"垂直居中"，如图 5-2-3 所示。

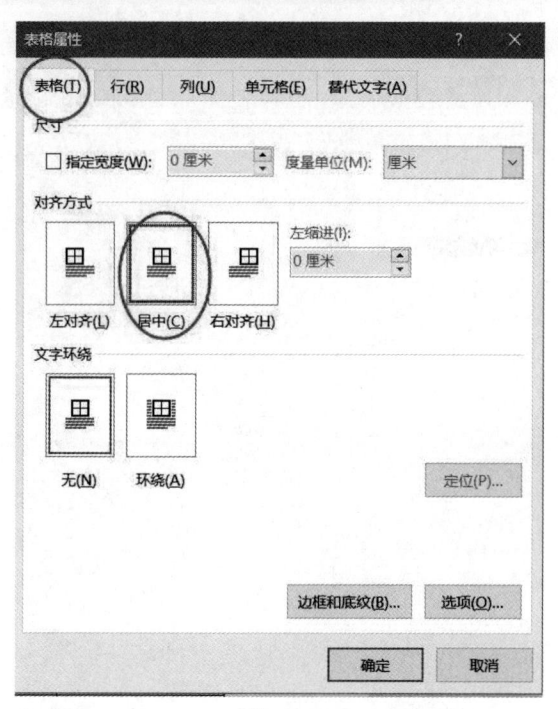

图 5-2-2

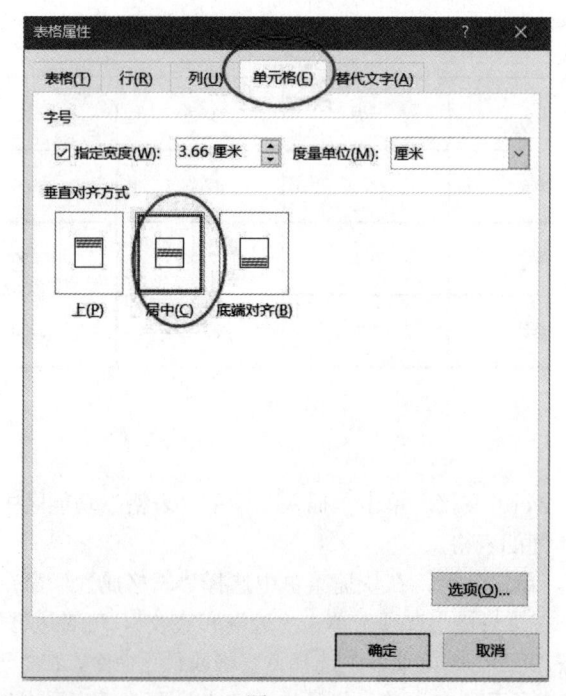

图 5-2-3

4．将光标定位在左上角第一个单元格，在"插入"菜单"插入"功能区中单击"形状"按钮下的小箭头，在其中选择"直线"形状，沿着表格对角线拖动形成第一条斜线，然后按住 Ctrl 键的同时拖动该线条即可复制出第二条，将两条斜线按照素材显示调整好位置（注意设置线条的颜色，与表格颜色保持一致），再从形状里选择文本框（可以单独对文本框进行格式设置，一般要去掉边框线和背景色），增加 3 个文本框，分别输入"种类""销售额"和"月份"，然后参考素材显示将文本框放在指定的位置，并转动旋转控制钮以调整文本框的角度。

5．将光标定位到需要合计的单元格中，单击"布局"菜单"数据"功能区中的"公式"按钮，弹出"公式"对话框，输入"=SUM(LEFT)"或"=SUM(ABOVE)"，对需要合计的单元格汇总数据，如图 5-2-4 所示。

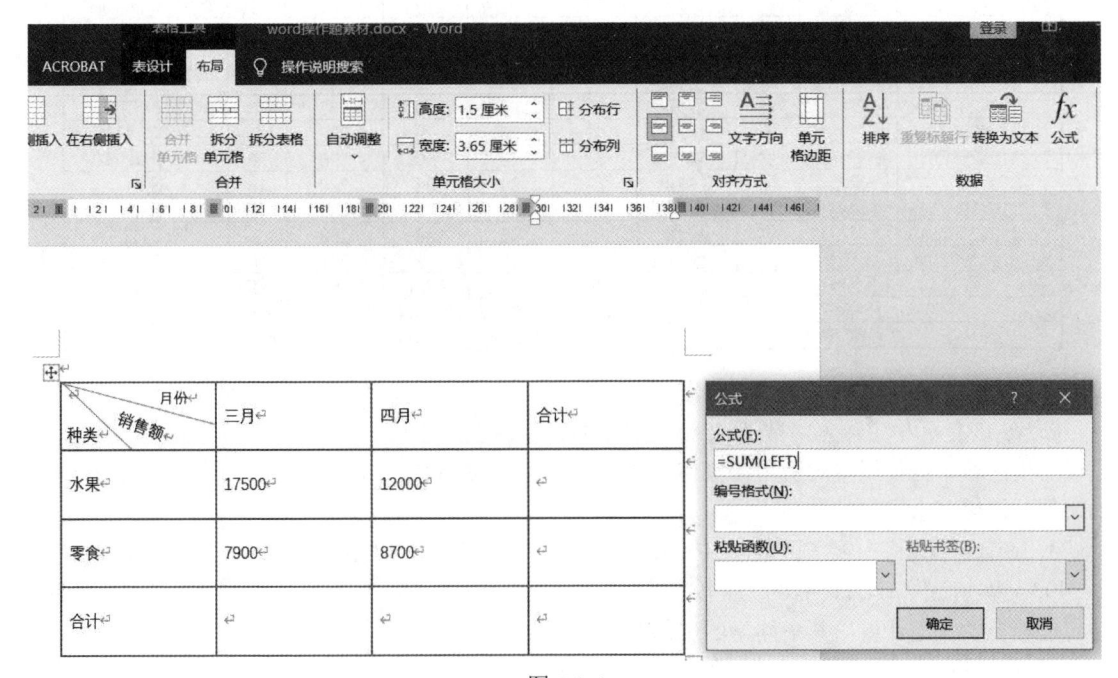

图 5-2-4

试题三（Excel）参考答案/试题解析

参考答案

本题的操作结果如图 5-3-1 所示。

试题解析

1．打开答题的 Excel 表格，按素材要求将内容和数据录入 Excel 表格中。本题的学号结构虽然比较复杂，但仅最后两位是递增变化的，因此利用填充柄可快速完成输入。另外，学员姓名的输入也有技巧，可以先输入一列"张"，再输入一列对应的数字，然后再把数字转换成大写数字（设置单元格格式→"特殊"→"中文大写数字"），然后使用文本连接符"&"将"张"和"大写数字"

131

连接起来,以快速实现大写姓名的录入。

2023期末考试奖惩统计表

学号	姓名	性别	专业	语文	数学	英语	总分	排名	奖惩
Y23$10%29PZ001	张壹	男	软设	57	100	59	216	17	证书
Y23$10%29PZ002	张贰	女	大数据	67	99	69	235	13	证书
Y23$10%29PZ003	张叁	男	人工智能	77	98	79	254	9	奖牌+证书
Y23$10%29PZ004	张肆	女	数媒	87	97	89	273	5	奖牌+证书
Y23$10%29PZ005	张伍	男	计应	97	96	99	292	1	奖杯+奖牌+证书
Y23$10%29PZ006	张陆	女	软设	57	95	59	211	18	证书
Y23$10%29PZ007	张柒	男	大数据	67	94	69	230	14	证书
Y23$10%29PZ008	张捌	女	人工智能	77	93	79	249	10	奖牌+证书
Y23$10%29PZ009	张玖	男	数媒	87	92	89	268	6	奖杯+证书
Y23$10%29PZ010	张壹拾	女	计应	97	91	99	287	2	奖杯+奖牌+证书
Y23$10%29PZ011	张壹拾壹	男	软设	57	90	59	206	19	证书
Y23$10%29PZ012	张壹拾贰	女	大数据	67	89	69	225	15	证书
Y23$10%29PZ013	张壹拾叁	男	人工智能	77	88	79	244	11	奖牌+证书
Y23$10%29PZ014	张壹拾肆	女	数媒	87	87	89	263	7	奖杯+证书
Y23$10%29PZ015	张壹拾伍	男	计应	97	86	99	282	3	奖杯+奖牌+证书
Y23$10%29PZ016	张壹拾陆	女	软设	57	79	59	195	20	补考
Y23$10%29PZ017	张壹拾柒	男	大数据	67	84	69	220	16	证书
Y23$10%29PZ018	张壹拾捌	女	人工智能	77	83	79	239	12	证书
Y23$10%29PZ019	张壹拾玖	男	数媒	87	82	89	258	8	奖牌+证书
Y23$10%29PZ020	张贰拾	女	计应	97	81	99	277	4	奖杯+证书
平均分				77.0	90.2	79.0	246.2	不填	不填
及格率				80.0%	100.0%	80.0%	不填	不填	不填
获奖率				20.0%	55.0%	20.0%	不填	不填	不填

图 5-3-1

2．在 I3 单元格中输入函数"=RANK(H3,$H$3:$H$22)"后按 Enter 键,计算出张壹的排名(这里在引用区域中需使用绝对引用,操作方法是在选定"H3:H22"后按 F4 键),然后使用自动填充柄快速计算出其余同学的排名。

3．在 J3 单元格中输入函数"=IF(H3>=280,"奖杯+奖牌+证书",IF(H3>=260,"奖杯+证书",IF(H3>=240,"奖牌+证书",IF(H3>=200,"证书","补考"))))"后按 Enter 键,计算出张壹的奖惩结果,然后使用自动填充柄快速计算出其余同学的奖惩结果。

4．在 E23 单元格中输入函数"=AVERAGE(E3:E22)"计算出语文的平均分,然后使用自动填充柄快速计算出其余科目的平均值。

5．在 E24 单元格中输入函数"=COUNTIF(E3:E22,">=60")/COUNT(E3:E22)"求出语文科目的及格率,然后使用自动填充柄快速计算出其余科目的及格率。

6．在 E25 单元格中输入函数"=COUNTIF(E3:E22,">=90")/COUNT(E3:E22)"求出语文科目的获奖率,然后使用自动填充柄快速计算出其余科目的获奖率。

7．选定全部表格,右键单击,在快捷菜单中选择"设置单元格格式…"命令,在弹出的对话框中依次选择:"样式"→"颜色"→"外边框",然后单击"确定"按钮即可。具体如图 5-3-2 所示。

8．选中第一行,通过"字体"工具栏进行红色、加粗的设置,再单击"段落"工具栏中的"居中对齐"按钮即可。

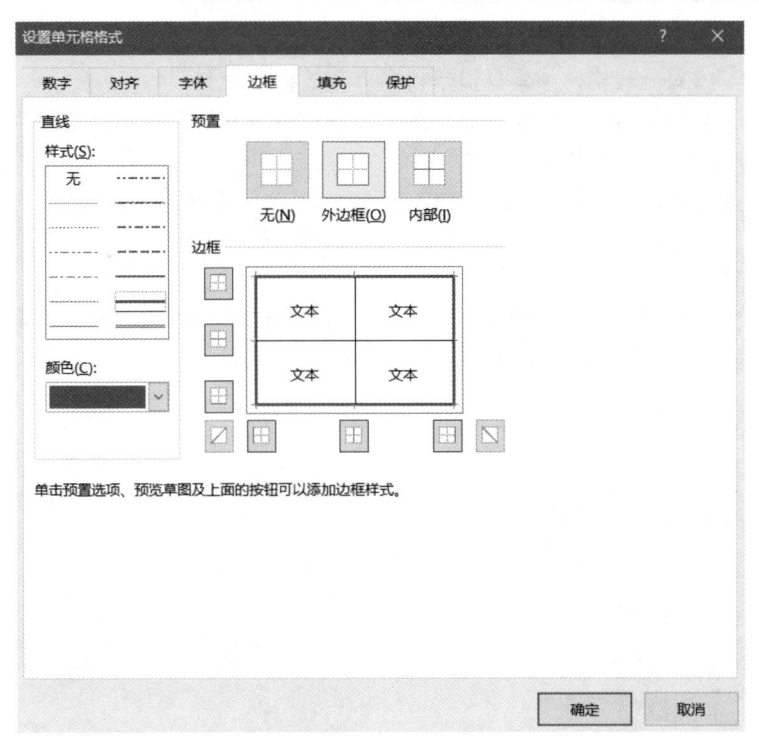

图 5-3-2

试题四（Excel）参考答案/试题解析

参考答案

本题的操作结果如图 5-4-1 所示。

姓名	部门	7月	8月	9月	10月	11月	12月	汇总	排名	奖金
赵莹	市场部	3500	5600	7400	3600	5600	9800	35500	13	1775
冯淼	销售部	6800	3400	6800	6500	3400	5600	32500	15	无奖励
张明明	销售部	12000	8600	4600	4600	8600	3400	41800	7	4180
丁婷	市场部	3400	4600	6900	9800	6600	8600	39900	8	1995
贾云波	生产部	6500	8900	3890	5600	6500	6600	37990	12	1900
顾江	销售部	8300	8800	6600	3400	9900	6500	43500	4	4350
高强	生产部	6900	9400	8500	8600	10000	9900	53300	1	5330
张磊	销售部	2300	3200	6500	6600	6500	10000	35100	14	1755
李季	市场部	9800	3600	6500	6500	9900	6500	42800	5	4280
钟意	生产部	3680	6500	4900	9900	3600	9900	38480	11	1924
季丰收	市场部	6600	4600	8900	10000	6500	5600	42200	6	4220
代燕	市场部	6500	9800	8700	6500	4600	3400	39500	10	1975
杜君君	销售部	9900	4800	9900	9900	9800	8600	52900	2	5290
董杰	生产部	10000	9900	7600	6500	6500	6500	47000	3	4700
张百强	销售部	3000	4500	8000	9900	9900	4400	39700	9	1985

图 5-4-1

试题解析

1. 打开答题的 Excel 表格，按素材提示将内容和数据录入 Excel 中。

2. 在 I2 单元格中输入函数"=SUM(C2:H2)"后按 Enter 键，计算出赵莹的业绩汇总，然后使用自动填充柄快速计算出其余人员的业绩总额。

3. 在 J2 单元格中输入函数"=RANK(I2,$I$2:$H$2)"后按 Enter 键，计算出赵莹的排名（这里引用区域使用了绝对引用，操作方法是在选定"I2:H2"后按 F4 键），然后使用自动填充柄快速计算出其余人员的排名。

4. 在 K2 单元格中输入函数"=IF(I2>=40000,I2*10%,IF(I2>=35000, I2*5%,"无奖励"))"求出赵莹的奖金，然后使用自动填充柄快速计算出其余人员的奖金。

试题五（PowerPoint）参考答案/试题解析

参考答案

本题的操作结果如图 5-5-1 所示。

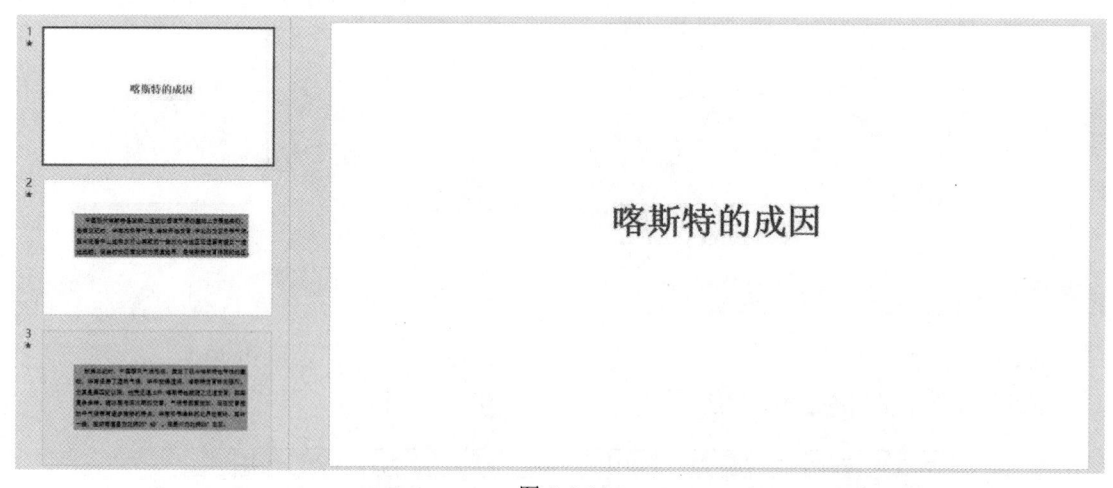

图 5-5-1

试题解析

1. 打开答题 PowerPoint 文件，然后新建两张空白幻灯片，分别将两段文字录入到第一页和第二页。

2. 新建第三张幻灯片，单击"插入"选项卡，在"文本"功能区中单击"文本框"按钮下方的箭头，在下拉选项中选择"绘制横排文本框"，然后在绘制好的文本框中输入"喀斯特的成因"，再选中输入的文本，在"开始"选项卡中的"字体"功能区中进行相应的字体、字号、颜色设置，在"段落"功能区对文本的对齐方式进行设置。

3. 在"字体"功能区中，对第二张和第三张幻灯片中的文字按要求进行格式设置（也可以先设置好其中一张幻灯片的文字格式，然后通过格式刷功能快速完成另一张幻灯片的字体格式设置）。在"段落"功能区对文字的行间距、首行缩进进行设置。以上格式设置完毕后，适当调整边框大小和位置，以保证文本区域在编辑区中间。

4. 右键单击第三张幻灯片的编辑区空白处，在快捷菜单中选择"背景格式"命令，此时会在编辑区右侧出现任务窗格选项区，依次选择纯色填充、浅绿色和透明度值。

5. 选中第一张幻灯片"喀斯特的成因"的文本框边框，在"动画"菜单下的"高级动画"功能区中，在"进入"选项组里选择"缩放"效果。用鼠标在导航栏区域单击第二张幻灯片，在"切换"菜单的"切换到此幻灯片"功能区中选择"擦除"效果图标。用同样的方法，设置第三张幻灯片的切换效果。

试题六（PowerPoint）参考答案/试题解析

参考答案

本题的操作结果如图 5-6-1 所示。

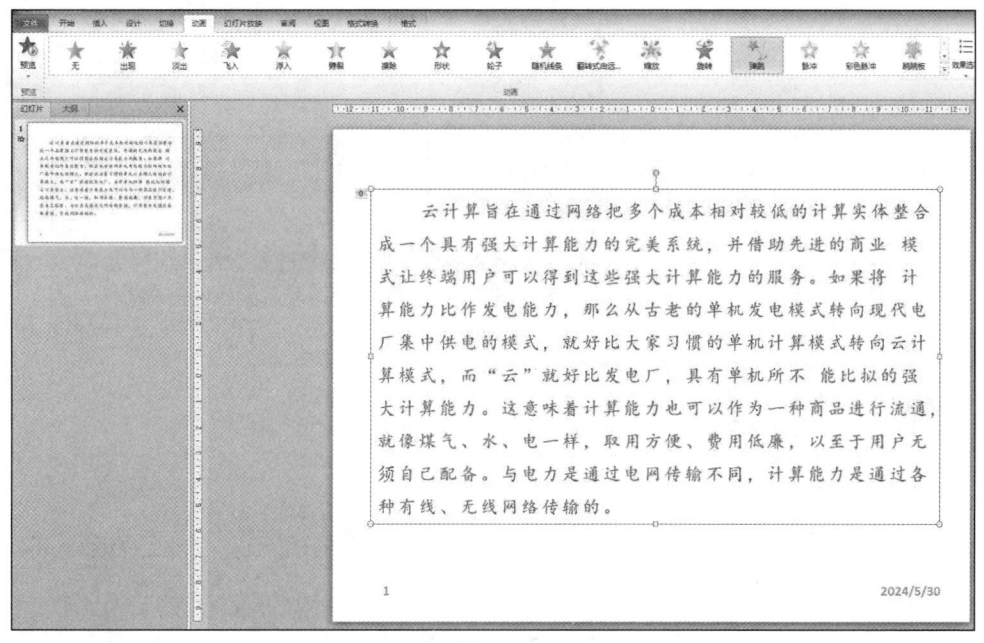

图 5-6-1

试题解析

1. 新建一张空白幻灯片，根据题目要求插入文本框并录入指定内容，通过"开始"菜单选项卡中的"段落"对话框设置行间距和首行缩进，"字体"对话框设置字体、颜色和磅值。

2. 选定文本框后，通过"动画"菜单选项卡选择"弹跳"动画效果，然后单击下方工具栏区的"动画窗格"按钮会在右侧弹出动画具体设置窗格，右键单击弹出的快捷菜单中选择"从上一项开始"（图 5-6-2），再次右键单击右侧动画状态条弹出"效果选项"对话框，声音选择"爆炸"（图 5-6-3）。

3. 通过"插入"菜单选项卡的"页眉页脚"按钮进入"页眉页脚和编号"的设置，根据题目要求分别选择和设置即可（图5-6-4），然后选中编号和日期，通过"开始"菜单选项卡中的"字体"工具栏对字体格式进行设置，最后再用鼠标分别拖动它们，放在页面的左下角和右下角位置。

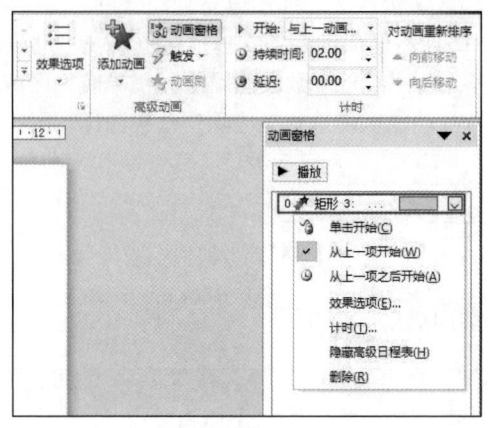

图 5-6-2

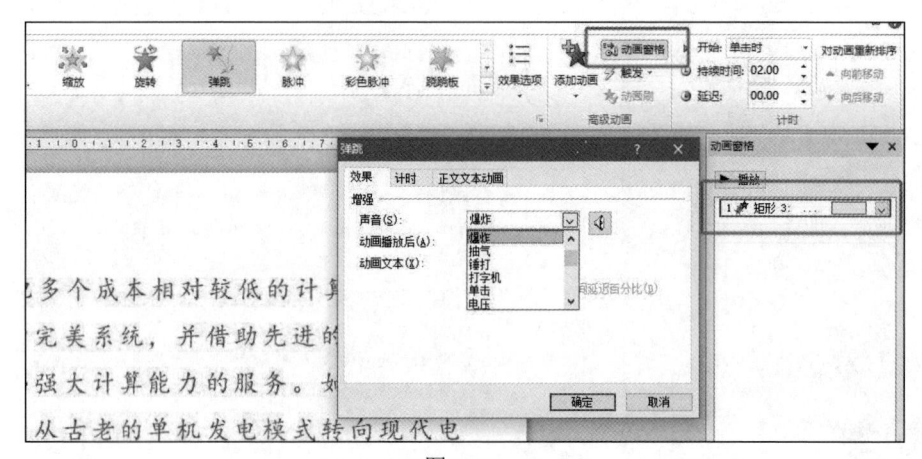

图 5-6-3

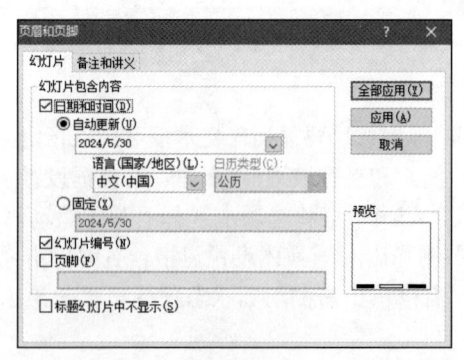

图 5-6-4

信息处理技术员模考卷 第6套
基础知识卷

- 以下不属于 Excel 文件的是 （1） 。
  - （1）A. .xls　　　　B. .xlsx　　　　C. .xlt　　　　D. .det
- 在工作表中，如果某单元格的右上角有一个红色三角形，那么说明这个单元格 （2） 。
  - （2）A. 已插入批注　　　　　　　　B. 已插入数
  - C. 已被保护　　　　　　　　　　D. 已被关联
- 若需要选中整篇文档应该按键盘上的 （3） 快捷键。
  - （3）A. Ctrl+A　　　B. Ctrl+Shift　　　C. Ctrl+F　　　D. Ctrl+X
- 在计算机中，存储容量 3MB，是指 （4） 。
  - （4）A. 1024×1024×3 字　　　　　B. 1024×1024×3 字节
  - C. 1000×1000×3 字　　　　　　D. 1000×1000×3 字节
- 物联网分为以下几个层次 （5） 。
  - （5）A. 感知层、网络层、应用层　　B. 感知层、传输层、应用层
  - C. 传输层、应用层、网络层　　　D. 物理层、传输层、网络层
- 计算机的网络分为局域网、城域网和广域网，下列属于局域网的是 （6） 。
  - （6）A. ChinaDDN　　　　　　　　B. CHINANET
  - C. Novell 网　　　　　　　　　D. Internet
- 在 Word 2010 拼写和语法检查中，出现绿色波浪线的原因可能是 （7） 。
  - （7）A. 有语法错误　　　　　　　　B. 有拼写错误
  - C. 此处有超链接　　　　　　　　D. 出现了格式不一致
- 在 IP 网络中，B 类地址用 （8） 位表示网络号。
  - （8）A. 2　　　　　B. 7　　　　　C. 14　　　　　D. 16
- 在 Word 2003 文档中把光标定位在段落左侧的选定区后，连击 3 次将选中 （9） 。
  - （9）A. 一个词　　　B. 一行　　　C. 一个段落　　　D. 整篇文档
- Access 2010 中，通过"创建"选项卡不能创建 （10） 。
  - （10）A. 表　　　　B. 窗体　　　　C. 报表　　　　D. 空白数据库
- 在工作表中，某个单元格的内容由公式计算得出，如该单元格显示为 "#N/A!"，说明计算公式 （11） 。
  - （11）A. 使用了不能识别的文本　　　B. 公式中的分子为 0
  - C. 没有可用的数值　　　　　　　D. 使用了错误的运算符

- 公司的利润小于或等于 10 万元的部分，销售部门可提成 10% 作为奖金，大于 10 万元且小于等于 20 万元的部分按 7.5% 提成，利润大于 20 万元的部分则按 5% 提成，若公司的利润为 40 万元，该销售部门应计提的奖金额为___(12)___万元。

    (12) A．1.5　　　　　B．1.75　　　　　C．2.75　　　　　D．3

- 根据下图，关于人口老龄化分析不正确的是___(13)___。

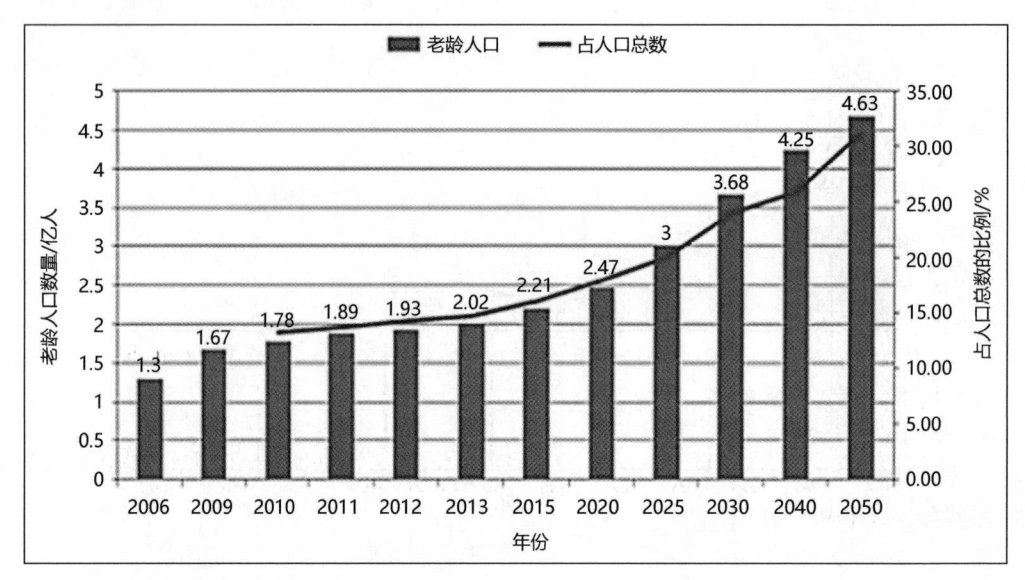

    (13) A．2020 年老龄人口占比达到 20%

    　　 B．老龄化人口数量持续增加

    　　 C．2013 年老龄化人口比上一年增加了 900 万人

    　　 D．老龄化人口占比持续增加，形势严峻

- 幻灯片查找的快捷键是___(14)___。

    (14) A．Ctrl+F　　　B．Ctrl+H　　　C．Ctrl+O　　　D．Ctrl+S

- 多媒体声音中不包括___(15)___文件。

    (15) A．音乐　　　　B．噪声　　　　C．语音　　　　D．波形声音

- 鼠标与主机的连接方式不包括___(16)___。

    (16) A．串口　　　　B．PS/2　　　　C．USB　　　　D．并口

- 国际标准化组织（ISO）制定的 OSI 模型把网络通信的工作分为___(17)___层。

    (17) A．七　　　　　B．六　　　　　C．五　　　　　D．八

- MS Word 大纲视图模式下，按___(18)___键可以降低当前标题级别。

    (18) A．Tab　　　　B．Backspace　　C．Ctrl　　　　D．Shift

- 数据加工前一般需要做数据清洗。数据清洗工作不包括___(19)___。

    (19) A．删除不必要的、多余的、重复的数据　　B．处理缺失的数据字段，做出特殊标记

    　　 C．检测有逻辑错误的数据，纠正或删除　　D．修改异常数据值，使其进入正常范围

- 以下属于文本运算符的是 (20) 。
  (20) A. ^　　　　　　B. &　　　　　　C. >　　　　　　D. $
- 下列关于 WPS 的协同编辑的说法，不正确的是 (21) 。
  (21) A. 只有"协同编辑"发起人可以查看当前文档的在线协作人员
  　　 B. 多人可以同时编辑同一文档
  　　 C. 参与人可以随时收到更新的消息通知
  　　 D. 参与人可以随时查看文档的协作记录
- 1090000 用科学计数法表示为 (22) 。
  (22) A. $0.109×10^7$　　B. $10.9×10^5$　　C. $109×10^4$　　D. $1.09×10^6$
- 下列关于电子邮件的表述，不正确的是 (23) 。
  (23) A. 在他人的电脑上不能收到邮件　　B. 可向多个收件人发送同一消息
  　　 C. 收到的邮件能直接转给他人　　　D. 未能及时查看的邮件放在收件箱中
- 用 Outlook 2010 接收电子邮件时，收到的邮件中带有回形针状标志，说明该邮件 (24) 。
  (24) A. 有病毒　　B. 有附件　　C. 没有附件　　D. 有黑客
- 下面的后缀名 (25) 表示压缩文件。
  (25) A. .txt　　B. .rar　　C. .exe　　D. .sys
- A1=19，在单元格里输入=A1–100，最后输出的结果是 (26) 。
  (26) A. –100　　B. –81　　C. 119　　D. 81
- 以下关于信息安全保障技术的说明，错误的是 (27) 。
  (27) A. 防火墙技术能够监控和彻底清理系统内部病毒的攻击
  　　 B. 用户访问控制技术是通过对不同用户身份进行区分设置的策略以达到限制和控制其访问资源的技术
  　　 C. 信息数据加密技术通过对数据加密传送以防止非法用户解读利用
  　　 D. 为计算机安装杀毒软件能较好地监控和防护病毒攻击与破坏的风险
- 数据分析时常用的 (28) 是为了达到一个目标，采取了两套方案，通过实验观察两组方案的数据结果，判断两组方案的好坏。这种方法需要选择合理的分组样本、监测数据指标评估不同方案和事后数据分析。
  (28) A. A/B 测试分析法　　B. 趋势分析法　　C. 交叉分析法　　D. 多维分析法
- 数据分析的最后一个步骤是 (29) 。
  (29) A. 撰写数据分析报告　　　B. 数据呈现
  　　 C. 用图表显示数据　　　　D. 用数据报告做决策
- 有意避开系统访问控制机制，对网络设备与资源进行非正常使用属于 (30) 。
  (30) A. 特洛伊木马　　　　B. 非授权访问
  　　 C. 破坏数据完整性　　D. 信息泄露
- 《信息技术服务从业人员能力评价指南信息安全服务》（T/CESA 1158—2021）属于 (31) 。
  (31) A. 国家标准　　　B. 国家推荐标准
  　　 C. 团体标准　　　D. 行业标准

● 在 Excel 表格中，B1 单元格的内容是"=SUM(A$2:C$4)"，复制到 C1 单元格，按 Enter 键后，会输出 （32） 。

（32）A．SUM(B$2:D$4)　　B．SUM(C$2:D$4)　　C．SUM(C$9:D$9)　　D．SUM(B$9:C$9)

● 不属于人工智能的是 （33） 。

（33）A．知识工程　　　B．自动定理证明　　　C．无人机　　　D．数据统计

● 以下软件中，属于安全软件的是 （34） 。

（34）A．解压缩软件　　B．系统优化　　　C．防火墙　　　D．搜索工具

● 观测数据误差概括为过失误差、随机误差、系统误差。关于误差下列说法不正确的是 （35） 。

（35）A．根据个人习惯爱好记录数据属于过失误差

　　　B．取多次测量数据的平均值能减少误差

　　　C．系统误差是测量设备或仪器故障，或使用方法错误导致的误差

　　　D．随机误差是由使用的仪器本身不够精密所造成的

● （36） 提供给消费者的服务是处理能力、存储、网络和其他基本的计算资源，用户能够利用这些计算资源部署和运行任意软件。

（36）A．基础设施即服务　　B．平台即服务　　C．软件即服务　　D．客户端服务

● 以下 （37） 不属于对计算机软件的维护操作。

（37）A．删除全部备份内容　　　　B．利用 Windows 维护工具定期进行硬盘整理

　　　C．升级操作系统　　　　　　D．升级更新驱动程序

● 电脑安全防护措施不包括 （38） 。

（38）A．定期查杀病毒和木马　　　B．及时下载补丁并修复漏洞

　　　C．加强账户安全和网络安全　　D．每周清理垃圾和优化加速

● 在 Publisher 中，要重复使用某个对象，可以将该对象建立为 （39） 。

（39）A．构建基块　　　B．模板　　　C．图形　　　D．文本

● 以下关于在 PowerPoint 中插入表格的说法，不正确的是 （40） 。

（40）A．鼠标单击表格，工具栏会自动显示表格编辑工具

　　　B．表格当中不能插入斜下划线

　　　C．可以给表格设置背景图片

　　　D．浏览视图不可以插入表格

● Word 文本没有 （41） 方式。

（41）A．两端对齐　　　B．左对齐　　　C．居中对齐　　　D．上下对齐

● 下列说法错误的是 （42） 。

（42）A．功能区某按钮变成深灰色，表示该按钮不可用

　　　B．若勾选框被选中，则表示该功能已被激活

　　　C．图标右侧或下方有个小三角，则表述该图标是快捷键

　　　D．Windows 可以同时打开多个程序或文件

● 在 PowerPoint 当中，旋转图形最简单的方法是 （43） 。

（43）A．拖动图片旋转控制按钮进行旋转　　　B．设置图片效果

C．设置图片格式，进行旋转角度调整　　D．拖动图片四个角的任一控制点
- 小李需要为公司采购一个打印清晰、质量好、噪声小、打印速度快的打印机，小李应该选择__(44)__。
  (44) A．针式打印机　　B．行式打印机　　C．激光打印机　　D．喷墨打印机
- 信息加工的主要内容不包括__(45)__。
  (45) A．采集　　B．编制　　C．筛选　　D．分析
- Excel单元格中__(46)__属于文本型格式的内容。
  (46) A．24%　　B．身份证号　　C．日期　　D．¥230
- 结果为0.5，则表格输入的内容为__(47)__。
  (47) A．=6/12　　B．="6/12"　　C．6/12　　D．"6/12"
- 下列关于信息特性的描述，错误的是__(48)__。
  (48) A．不完全性指无法获取全部的客观事实信息
  　　　B．动态性指信息随事物不断变化而动态更新
  　　　C．客观性要求在真实客观的同时融入分析者的判断和推理
  　　　D．时效性指信息价值随时间推进而递减的特性
- 数据库的关系代数运算是以集合操作为基础的运算，其五种基本运算是并、差、__(49)__、投影和选择。
  (49) A．交　　B．连接　　C．逻辑运算　　D．笛卡尔积
- 数据库中唯一能标识一个元组的属性或属性的组合称为__(50)__。
  (50) A．关键字　　B．字段　　C．记录　　D．关系
- 为保证信息收集的质量，应坚持特定的原则。以下__(51)__不属于数据收集原则。
  (51) A．全面性原则　　B．时效性原则　　C．准确性原则　　D．低成本原则
- 键盘的性能指标不包括__(52)__。
  (52) A．手感　　B．分辨率　　C．防水性　　D．键盘接口
- 多媒体当中的__(53)__借用超媒体的方法，改变了人们传统的读写模式，把内容以一种更灵活、更具变化的方式呈现给使用者。
  (53) A．多样性　　B．集成性　　C．交互性　　D．非线性
- Word文档"工具"菜单中的"字数统计"命令不能统计__(54)__。
  (54) A．分栏数　　B．段落数　　C．行数　　D．字符数
- 信息安全性的基本要素不包含__(55)__。
  (55) A．准确性　　B．可用性　　C．完整性　　D．保密性
- 构成动画的一系列静止画面称为__(56)__。
  (56) A．帧　　B．片　　C．图像　　D．幅
- 下列设备中，既可以向计算机输入数据又能接收计算机输出数据的设备是__(57)__。
  (57) A．打印机　　B．显示器　　C．磁盘存储　　D．光笔
- 剪贴板中的内容复制到插入点是__(58)__操作。
  (58) A．复制　　B．移动　　C．粘贴　　D．剪切

- Excel 表格中没有的视图模式是___(59)___。
  - (59) A. 普通视图　　　B. 草稿视图　　　C. 分页预览视图　　　D. 页面布局视图
- 下列关于信息的表述，错误的是___(60)___。
  - (60) A. 信息是事物状态的描述　　　B. 信息包含在数据之中
  - C. 信息是数据的载体　　　D. 数据是信息的载体
- 关于数据存储时应注意的问题，以下表述不正确的是___(61)___。
  - (61) A. 存储数据时应充分考虑其安全性，防止被内部、外部因素毁坏
  - B. 当数据量较大时，应以能存储全部原始数据为先
  - C. 考虑存取方便、迅速、便利的需要，从而进行科学、合理的组织和安排
  - D. 根据数据使用频率进行分级、分批量存储
- 数据分析师撰写数据分析报告时不包括___(62)___。
  - (62) A. 应体现数据分析师的技术水平和艺术水准
  - B. 需要有一个好的文档框架，结构要清晰、层次要分明
  - C. 要有明确的结论，找出问题，并提出建议和解决方案
  - D. 分析过程需要科学、合理、全面，分析结果可靠
- 下列关于计算机日常维护的工作，操作不当的是___(63)___。
  - (63) A. 长时间不使用时应及时关闭计算机
  - B. 在维护和清洁计算机之前应先切断电源
  - C. 计算机通电后不随意挪动
  - D. 关机时先关闭主机电源，再关闭外部设备，开机时也是同样顺序
- 下列关于 Word 格式刷功能的描述，正确的是___(64)___。
  - (64) A. 用格式刷选中目标区域，再用鼠标选中有格式的模板文本
  - B. 选中格式模板文本，单击格式刷图标，再选中目标区域
  - C. 单击格式刷图标，然后选中格式模板文本，再选中目标区域
  - D. 先选中格式模板文本，再选中目标区域，单击格式刷图标
- 以下关于 WPS 文字 2016 打印预览的叙述，不正确的是___(65)___。
  - (65) A. 可以在打印预览中调整页边距　　　B. 打印预览可以减少浪费，节约纸张
  - C. 打印预览中可以编辑文档中的文字　　　D. 打印预览可以预览打印的效果
- 以下关于 Excel 的叙述，正确的是___(66)___。
  - (66) A. 每张工作表需单独作为一个文件保存
  - B. 可以同时打开多个工作簿文件
  - C. 图表必须与其相关的数据处于同一工作表
  - D. 工作表的名称由 Excel 的文件名决定
- ___(67)___不属于计算机窗口的组成。
  - (67) A. 标题栏　　　B. 工具栏　　　C. 工作区　　　D. 超链接
- 在 Excel 单元格中输入函数 "=POWER(2,5)"，得到的结果是___(68)___。
  - (68) A. 10　　　B. 25　　　C. 32　　　D. 7

- 在表格单元格中输入"=PRODUCT(3,4,6)",得到的值是__(69)__。
  (69) A. 72　　　　　　B. 13　　　　　　C. 1　　　　　　D. 26
- __(70)__ 不是显示器的技术指标。
  (70) A. 分辨率　　　　B. 点距　　　　　C. 主频　　　　　D. 响应速度
- 以下选项中 __(71)__ 不属于网络操作系统。
  (71) A. UNIX　　　　　B. Linux　　　　　C. Windows Server　　D. DOS
- 以下关于分时操作系统的描述,正确的是 __(72)__ 。
  (72) A. 及时响应外部事件的请求在规定的严格时间内完成对该事件的处理
  　　　B. 将 CPU 的时间划分成若干片段,用户交互式地向系统提出命令请求,分时操作系统接受每个用户的命令,采用时间片轮转方式处理服务请求
  　　　C. 大量的计算机通过网络被连接在一起,可以获得极高的运算能力及广泛的数据共享
  　　　D. 用户一次可以提交多个作业,但系统一次只处理一个作业,处理完一个作业后,再调入下一个作业进行处理
- Windows 系统的多个已打开的窗口,不能使用 __(73)__ 排列方式。
  (73) A. 交叉　　　　　B. 层叠　　　　　C. 堆叠　　　　　D. 并排
- 计算机 CPU 由 __(74)__ 和控制器组成。
  (74) A. 总线　　　　　B. Cache　　　　　C. 运算器　　　　D. 内存
- 以下 __(75)__ 是动画文件格式。
  (75) A. .swf　　　　　B. .rm　　　　　　C. .wmv　　　　　D. .avi

信息处理技术员模考卷　第 6 套
应用技术卷

试题一（Word）

  计算机技术与软件专业技术资格（水平）考试简介

  计算机技术与软件专业技术资格（水平）考试（简称"计算机软件资格考试"）是原中国计算机软件专业技术资格和水平考试（简称"软件考试"）的完善与发展。计算机软件资格考试是由国家人力资源和社会保障部、工业和信息化部领导下的国家级考试，其目的是科学、公正地对全国计算机与软件专业技术人员进行职业资格、专业技术资格认定和专业技术水平测试。计算机软件资格考试在全国范围内已经实施了二十多年，近十年来，考试规模持续增长，截至目前，累计报考人数约有五百万人。

  该考试由于其权威性和严肃性，得到了社会各界及用人单位的广泛认同，并为推动国家信息产业发展，特别是推动软件和服务产业的发展，以及提高各类信息技术人才的素质和能力发挥了重要作用。

【要求】

1. 在指定的空白 Word 文档中，录入以上全部内容。
2. 将"计算机技术与软件专业技术资格（水平）考试简介"设置为宋体、四号、字体颜色为黑色，加粗并居中对齐。
3. 将正文第一段和第二段均设置为"首行缩进 2 字符；字体为宋体、小四号"。
4. 正文行间距设置为 1.5 倍。
5. 将第一段正文中"国家人力资源和社会保障部、工业和信息化部"加粗、加红色波浪线的下划线，并设置文本突出显示为鲜绿色。

试题二（Word）

  白杨树礼赞

  它没有婆娑的姿态，没有屈曲盘旋的虬枝。也许你要说它不美。如果美是专指"婆娑"或"旁逸斜出"之类而言，那么，白杨树算不得树中的好女子。但是它伟岸，正直，朴质，严肃，也不缺乏温和，更不用提它的坚强不屈与挺拔，它是树中的伟丈夫！当你在积雪初融的高原上走过，看见平坦的大地上傲然挺立这么一株或一排白杨树，难道你就觉得它只是树？难道你就不想到它的朴质，严肃，坚强不屈，至少也象征了北方的农民？难道你竟一点也不联想到，在敌后的广大土地上，到处有坚强不屈，就像这白杨树一样傲然挺立地守卫他们家乡的哨兵？难道你又不更远一点想到，这样枝枝叶叶靠紧团结，力求上进的白杨树，宛然象征了今天在华北平原纵横决荡，用血写出新中国历史的那种精神和意志？

【要求】

1. 在指定的空白 Word 文档中，录入以上全部内容。
2. 将第一行中的"白杨树礼赞"字体格式设置为：宋体、四号、黑色、加粗并居中对齐。
3. 将正文的第一行设置为"首行缩进 2 字符"，行间距设置为"固定值 20 磅"。
4. 页边距设置为上和下为 2.54 厘米、左和右为 3.17 厘米。
5. 将正文添加分栏，共分 2 栏，并添加分隔线。

试题三（Excel）

姓名	3月	4月	5月	合计	月均
张三	23000	48000	36000		
李四	31000	2400	48000		
王五	19500	23200	31000		
赵六	60000	45000	36000		

【要求】

1. 按照素材提示，将上表中的内容和数据录入 Excel 中。
2. 在表格上方增加一行，并将该行的第 1~6 列合并成一个单元格，输入"销售业绩统计"作为表格的标题，将文字格式设置为：垂直居中、水平居中、加粗、红色、宋体、四号。
3. 用 SUM 函数统计出各销售人员 3—5 月业绩的合计。
4. 用 AVERAGE 函数统计出各销售人员 3—5 月的平均销售业绩。
5. 表格中所有内容均设置为垂直居中对齐、水平居中对齐。

试题四（Excel）

姓名	语文	英语	数学	化学
王一伟	96	84	79	72
张光明	86	89	78	58
张佳宁	76	92	88	79
李贺	83	89	86	83
苗青青	100	99	88	89
董辉	72	85	86	99
俞敏	63	72	59	71
罗浩	84	68	78	90
孙军	78	87	79	96
蔡芳芳	87	98	79	85

【要求】

1. 按照素材提示，将内容和数据录入 Excel 中。
2. 在"化学"列右侧新增一列，字段名称为"总成绩"，并用 SUM 函数统计出各学生的总成绩。
3. 在"总成绩"列右侧新增一列，字段名称为"排名"，并用 RANK 函数依总成绩高低进行排名。
4. 将表格的网格线全部设置成红色的双实线。

试题五（PowerPoint 操作）

通常，"机器学习"的数学基础是"统计学""信息论"和"控制论"，还包括其他非数学学科。这类"机器学习"对"经验"的依赖性很强。计算机需要不断地从解决一类问题的经验中获取知识，学习策略，在遇到类似的问题时，运用经验知识解决问题并积累新的经验，就像普通人一样。我们可以将这样的学习方式称为"连续型学习"。但人类除了会从经验中学习之外，还会创造，即"跳跃型学习"。这在某些情形下称为"灵感"或"顿悟"。一直以来，计算机最难学会的就是"顿悟"。或者再严格一些来说，计算机在学习和"实践"方面难以学会"不依赖于量变的质变"，很难从一种"质"直接到另一种"质"，或者从一个"概念"直接到另一个"概念"。

【要求】

1. 新建第一张幻灯片，输入"人工智能的研究价值"作为标题，将字体格式设置为：宋体、加粗、44 磅、红色、加下划线。
2. 新建第二张幻灯片，按照素材提示，将题目内容录入到幻灯片中。
3. 将正文的字体格式设置为：宋体、18 磅、蓝色。
4. 将正文边框设置为红色、0.75 磅。
5. 将正文文本框区域设置为浅绿色背景。

试题六（PowerPoint）

商业智能帮助企业的管理层进行快速、准确地决策，迅速地发现企业中的问题，提示管理人员加以解决。但商业智能软件系统不能代替管理人员进行决策，不能自动处理企业运行过程中遇到的问题。因此商业智能系统并不能为企业带来直接的经济效益，但必须看到，商业智能为企业带来的是一种经过科学武装的管理思维，给整个企业带来的是决策的快速性和准确性，发现问题的及时性。

【要求】

1. 新建一张空白幻灯片并录入题目提供的全部内容，段落格式设置为 1.5 倍行距和首行缩进，将文字格式设置：20 磅的华文中宋。
2. 为文本区设置颜色背景，颜色要求：橙色，强调文字颜色 6，淡色 80%，为文本框添加"出现"效果的动画。

3．在文本区域上方中间位置插入一个矩形，高度 2 厘米，宽度 8 厘米，矩形内部居中输入文字"商业智能"作为标题，矩形无边框，矩形的背景颜色设置为橙色，字体为加粗的 30 磅华文中宋，文字居中对齐。

4．为矩形标题框设置一个超链接，链接网址为 www.baidu.com。

信息处理技术员模考卷 第6套
基础知识卷参考答案/试题解析

（1）**参考答案**：D

试题解析 .xls 是 Excel 2003 及以前版本生成的文件格式，.xlsx 是 Excel 2007 及以后版本生成的文件格式，.xlt 是 Excel 2003 及以前版本生成的模板文件格式。A、B、C 以上都是属于 Excel 直接支持编辑的文件格式。

（2）**参考答案**：A

试题解析 在为 Excel 中的单元格插入批注后，右上角以红色三角形显示。

（3）**参考答案**：A

试题解析 本题考核 Word 文档和 Windows 系统常用的快捷键，Ctrl+A 可快速全选整篇文档，Ctrl+Shift 可快速切换输入法，Ctrl+F 可在编辑 Word 文档时快速打开查找指定内容的导航栏，Ctrl+X 是剪切已选定的对象。

（4）**参考答案**：B

试题解析 计算机存储容量单位从小到大分别为 B<KB<MB<GB，且各级之间均以 1024 进位，即 1GB=1024MB，1MB=1024KB，1KB=1024B，3MB=3×1024×1024B（字节）。

（5）**参考答案**：A

试题解析 物联网的架构分为感知层、网络层和应用层。感知层即利用传感器采集信息，利用射频识别技术实现发射和识别。网络层即通过网络远距离无缝传输来自传感网所采集的数据信息。应用层用来解决信息处理和人机界面问题。

（6）**参考答案**：C

试题解析 ChinaDDN 是中国电信经营管理的中国公用数字数据网，属于广域网。CHINANET 是由中国电信经营管理的中国公用 Internet 骨干网，属于广域网。Novell 网是典型的局域网。Internet 是全球最大的计算机互联网络，不属于局域网。

（7）**参考答案**：A

试题解析 红色波浪线是拼写错误，绿色和蓝色波浪线表示语法错误，蓝色直线表示超链接。可以在"选项"→"校对"选项设置中取消拼写检查的勾选。

（8）**参考答案**：B

试题解析 IP 地址共 32 位，B 类地址的前两位"10"作为标识，接下来的 14 位表示网络号，最后 16 位表示主机号。

（9）**参考答案**：D

试题解析 在 Word 编辑区段落左边的选定区单击选定一行、双击选定一段、三击选中整篇文档。

（10）**参考答案**：D

🔖**试题解析**　选项 A、选项 B、选项 C 均可以在 Access 软件的"创建"选项卡中直接创建，而空白数据库的创建是通过"文件"→"新建"来完成。

（11）**参考答案**：C

🔖**试题解析**　公式中使用不能识别的文本时，单元格将该错误显示为"#NAME?"；公式中的分子为 0 时，单元格将该错误显示为"#DIV/0!"；在公式或函数中缺少可用数值或可用数值被删除时，单元格将该错误显示为"#N/A!"，其英文全名是 Not Applicable，即"本栏目不可用"；当参数或运算符使用错误导致无法正确求值时，单元格将该错误显示为"#VALUE!"。

（12）**参考答案**：C

🔖**试题解析**　10×10%+10×7.5%+20×5%=2.75（万元）。

（13）**参考答案**：A

🔖**试题解析**　2020 年老龄人口 2.47 亿人，其占比明显低于右侧纵轴的 20%。

（14）**参考答案**：A

🔖**试题解析**　本题考查 PowerPoint 常用的快捷键，Ctrl+F 可快速弹出"查找"对话框。Ctrl+H 是替换的快捷键，Ctrl+O 是打开的快捷键，Ctrl+S 是保存的快捷键。

（15）**参考答案**：B

🔖**试题解析**　多媒体指能同时处理包括文字、声音、图形、图像、动画、视频中至少两个以上元素的技术。音乐（如.mp3 文件）、语音文件（如输入设备提供的语音和录音文件.amr、.wav 等）、波形声音文件（.wav）是均可在计算机系统中能被独立保存和编辑的声音文件，而噪声是混合于各种声音中的组成部分。

（16）**参考答案**：D

🔖**试题解析**　鼠标的接口类型主要有串口（即 COM 接口）、PS/2 接口、通用串行总线（USB）接口或无线连接的方式。

（17）**参考答案**：A

🔖**试题解析**　OSI/RM 即开放式通信系统互联参考模型（Open Systems Interconnection Reference Model），把网络通信的工作分为七层，从低到高依次为物理层、数据链路层、网络层、传输层、会话层、表示层、应用层。

（18）**参考答案**：A

🔖**试题解析**　可使用快捷键迅速调整当前内容的标题级别，Alt+Shift+Left 组合键可提升当前标题级别，Tab 键或 Alt+Shift+Right 组合键可降低当前标题级别。

（19）**参考答案**：D

🔖**试题解析**　数据清洗是信息加工的首要工作，重在审查和校验，该环节一般不进行异常修改，其工作内容包括：清理有内容错误、格式错误或时空错误的脏数据；发现并纠正可识别的错误；检查一致性；删除重复；处理无效值和缺失值；进一步审查异常数据；整理混乱的数据使其有条理。

（20）**参考答案**：B

🔖**试题解析**　"^"表示乘方，属于算术运算符，如"=3^2"表示"3 的 2 次方"；"&"用于连接多个字符串，属于文本运算符；">"是比较运算符，一般用于条件函数中；"$"是绝对引用符号，用于对单元格的绝对引用，如"=ROUND($H$3,0)"。

（21）**参考答案**：A

试题解析 除发起人外，其他协作人员也可以查看当前文档的在线协作人员。

（22）**参考答案**：D

试题解析 科学计数法是将普通数字变换成 $a\times 10^n$ 的形式，其中 $1\leqslant |a|<10$，n 表示整数。

（23）**参考答案**：A

试题解析 依靠互联网和邮件服务终端即可实现邮件通信，在不同的电脑上可登录不同用户的邮件服务器终端以查看和收发邮件。

（24）**参考答案**：B

试题解析 邮件被添加附件后，会以回形针图标来显示，以区别其他无附件内容的邮件。

（25）**参考答案**：B

试题解析 .txt 是文本文件，.rar 或 .zip 是压缩文件，.exe 是可执行文件，.sys 是 Windows 系统文件。

（26）**参考答案**：B

试题解析 本题属于 Excel 简单的公式计算。

（27）**参考答案**：A

试题解析 防火墙的主要功能是防御，用来阻挡来自外部网络的威胁，并不是用于系统内部病毒的清理。

（28）**参考答案**：A

试题解析 A/B 测试分析法其实是一种对比分析，是为同一目标而采取两套不同但相近的方案，以区分、对比和评估这两种方案。

趋势分析法是将不同时期数据中的相同指标或比率进行比较,直接观察其增减变动情况及变动幅度，考察其发展趋势，预测其发展前景。基于应用事物时间发展的延续性原理来预测事物的发展趋势。

交叉分析法又称立体分析法，是在纵向分析法和横向分析法的基础上，从交叉、立体的角度出发，由浅入深、由低级到高级的一种分析方法。

多维分析法是高级统计分析方法之一，是把一种产品或一种市场现象，放到一个两维以上的空间坐标上来进行分析，以方便使用者可以从不同角度观察数据。

（29）**参考答案**：A

试题解析 撰写数据分析报告是数据分析工作的最后一个步骤，主要工作是将数据分析的结果形成分析报告。

（30）**参考答案**：B

试题解析 未经事先授权就使用网络或计算机资源被看作非授权访问，如非法用户进入网络系统进行违法操作（假冒、身份攻击）等。

（31）**参考答案**：C

试题解析 国家强制标准，代号为 GB。推荐性国家标准代号为 GB/T。团体标准代号为 T。行业标准需经国家质量技术监督局依法批准公布方可使用。

（32）参考答案：A

🔸试题解析　本题考查函数公式的绝对引用和相对引用，行号 2 和行号 4 分别使用了绝对引用（公式复制到其他单元格后行号不会变化），但列号并未使用绝对引用（公式复制到其他单元格后列号会自动填充变化），故将 B1 单元格的公式复制到 C1 单元格后，输出的内容为 SUM(B$2:D$4)。

（33）参考答案：D

🔸试题解析　人工智能是研究、开发用于模拟、延伸和扩展人的智能的理论、方法、技术及应用系统的技术，主要研究和应用于知识表示、自动推理和搜索方法、机器学习和知识获取、知识处理系统、自然语言理解、计算机视觉智能机器人、自动程序设计等方面。

（34）参考答案：C

🔸试题解析　解压缩软件、系统优化和搜索工具均无法为计算机系统提供安全防护功能，而防火墙可以对流经它的网络通信进行扫描，这样能够过滤掉一些攻击和木马，以免其在目标计算机上被执行，可以保护计算机的安全。

（35）参考答案：D

🔸试题解析　由操作者的过失造成的误差，称为过失误差。取多次测量数据的平均值能减少误差。系统误差是指由于仪器结构不完善、仪器未校准好、本身理论近似性、测量方法不合理或测量者生理特点等原因造成的误差。随机误差也称为偶然误差和不定误差，是由于在测定过程中一系列有关因素微小的随机波动而形成的具有相互抵偿性的误差。其产生的原因是分析过程中种种不稳定随机因素的影响，D 项的表述属于系统误差而不是随机误差。

（36）参考答案：A

🔸试题解析　基础设施即服务（IaaS）符合题目表述。平台即服务（PaaS）提供的服务是把客户使用支持的开发语言和工具开发或购买的应用程序部署到供应商的云计算基础设施上。软件即服务（SaaS）提供的服务是运营商运行在云计算基础设施上的应用程序，消费者可在各种设备上通过瘦客户端界面访问。客户端服务是为消费者提供的软件或硬件成品。

（37）参考答案：A

🔸试题解析　删除全部备份内容的操作可以节省系统磁盘的容量空间，但不属于软件维护操作。

（38）参考答案：D

🔸试题解析　D 项每周清理垃圾和优化加速属于计算机系统维护和优化操作，并不属于安全防护措施。

（39）参考答案：A

🔸试题解析　构建基块属于 Publisher 的基础操作，方便用户后续频繁、多次使用时快速操作，而且还可以自定义。

（40）参考答案：B

🔸试题解析　PowerPoint 可以对插入的表格进行斜下划线的操作，可通过"表格编辑选项卡"→"边框"→"斜下划线"和"插入"→"形状"→"线条"两种方式实现。

（41）参考答案：D

🔸试题解析　Word 文本的对齐格式操作可在"段落"工具栏选择"左对齐、居中对齐、右对齐和两端对齐"，无法进行上下对齐的操作。

（42）参考答案：C

🔨试题解析 图标右侧或下方有个小三角，表示单击该图标将会出现更多相关的操作选项和菜单命令。

（43）参考答案：A

🔨试题解析 鼠标单击插入的图片后，会在图片旁边出现一个圆形的箭头，用鼠标单击并朝目标方向拖动即可快速旋转图片。

（44）参考答案：C

🔨试题解析 激光打印机具有打印速度快、噪声低、质量好的特点，而针式打印机是物理接触原理，工作噪声很大，喷墨打印机比激光打印机打印速度慢。

（45）参考答案：A

🔨试题解析 信息加工和信息采集都属于信息处理的过程之一，信息加工的内容有清洗、筛选判别、分类排序、分析研究、编制。

（46）参考答案：B

🔨试题解析 选项A是数值，选项C是日期格式，选项D是货币格式。在单元格中输入身份证号时先输入英文的引号"'"，可将其设置为文本格式。

（47）参考答案：A

🔨试题解析 此为Excel计算公式的基础常识。

（48）参考答案：C

🔨试题解析 信息的客观性即要求不能随人为主观而更改，人为修改会导致信息失去价值。

（49）参考答案：D

🔨试题解析 数据库关系代数运算的5种基本运算是：并、差、笛卡尔积、投影和选择。

（50）参考答案：A

🔨试题解析 数据库中唯一能标识元组属性或属性的组合称为关键字，表中的一行称为一个记录，表中的一列称为一个字段或一个属性，一个关系就是一张二维表。

（51）参考答案：D

🔨试题解析 数据搜集应遵循的四大原则是全面性、准确性、时效性和尊重提供者。

（52）参考答案：B

🔨试题解析 分辨率是显示器的性能指标，和键盘无关。

（53）参考答案：D

🔨试题解析 多样性指的是两种以上的媒体元素。集成性指对信息处理方式和硬件的集成。交互性指增加对信息的理解能力和效率、控制和停留时间。

（54）参考答案：A

🔨试题解析 字数统计功能可以统计段落数、行数、字符数、页数等，但不可以统计分栏的数量。

（55）参考答案：A

🔨试题解析 信息安全性的基本要素有7个：完整性、真实性、保密性、可用性、可控性、可核查性、不可抵赖性。

（56）**参考答案**：A

试题解析 动画和视频都是由一系列静止画面按照一定顺序排列而成的，我们把这些静止的画面称为帧。帧率也称为画面更新率，指的是每秒钟播放的静态画面的数量。

（57）**参考答案**：C

试题解析 打印机和显示器属于输出设备，光笔是输入设备，磁盘既可以向计算机输入数据又能接收输出数据。

（58）**参考答案**：C

试题解析 被复制或剪切的选定对象会被暂时保留在剪贴板中，用户执行粘贴命令时系统会将该内容插入光标指定位置。

（59）**参考答案**：B

试题解析 Excel 的视图模式中没有草稿视图。

（60）**参考答案**：C

试题解析 信息是客观世界各种事物变化和特征的反映，数据是信息的载体。

（61）**参考答案**：B

试题解析 题目关于数据存储的表述中，选项 A 体现了安全可靠性；选项 C 考虑了数据存与取的便捷性；选项 D 是将数据分级分类存储，降本增效。在数据量较大时，应考虑科学选择编码进行编排，从而降低总量和存储空间。

（62）**参考答案**：A

试题解析 一份好的数据分析报告，首先应有一个好的分析框架，层次结构清晰；其次，分析过程中应遵循科学的方法，保证分析结果的可靠性；另外，还应有明确的结论、建议和解决方案。

（63）**参考答案**：D

试题解析 本题考查计算机的日常维护和保养常识，开机顺序应是先打开外部设备（如显示器、音箱等）的电源后再打开主机。

（64）**参考答案**：B

试题解析 本题考查 Word 编辑中文本格式化的操作，格式刷的功能是将某个已有的格式复制到其他指定对象上，正确的操作步骤是：选中格式模板文本→单击格式刷→拖动选中目标文本。

（65）**参考答案**：C

试题解析 在打印预览界面中是无法再对内容进行编辑和调整的。

（66）**参考答案**：B

试题解析 本题主要考查 Excel 工作簿、工作表、文件名等基础知识。每个 Excel 文件就是一个工作簿，一个工作簿可包含多个工作表。Excel 允许同时打开多个表格文件。不同的工作表之间可以建立数据关系连接、函数引用等。各个工作表可以独立命名以便于区分和标识。

（67）**参考答案**：D

试题解析 计算机窗口的组成部分主要包含：标题栏、地址栏、工具栏、搜索栏、导航窗格、工作区、详细信息窗格等。超链接不属于窗口的组成部分。

（68）**参考答案**：C

试题解析 POWER 是幂函数，函数结构为 POWER(number,power)，其中 number 为底数，power 为几次幂，power(2,5)即 2 的 5 次幂，结果为 32。

（69）**参考答案**：A

试题解析 PRODUCT（a，b，c）是连乘函数，将 a、b、c 相乘得出计算结果为 72。

（70）**参考答案**：C

试题解析 主频是 CPU 的性能评估指标。显示器的主要技术指标有分辨率、点距、亮度、响应速度。

（71）**参考答案**：D

试题解析 UNIX、Linux、Windows Server 是典型的网络操作系统，DOS 是磁盘操作系统。

（72）**参考答案**：B

试题解析 分时操作系统是将 CPU 的时间划分成若干片段，称为时间片。用户交互式地向系统提出命令请求，分时操作系统接受每个用户的命令，采用时间片轮转方式处理服务请求，并通过交互方式在终端上向用户显示结果。

（73）**参考答案**：A

试题解析 多窗口的排列方式有三种：层叠（按打开先后顺序）、堆叠方式（也叫横向平铺）和并排（也叫纵向平铺），没有交叉排列方式。

（74）**参考答案**：C

试题解析 CPU 即中央处理器，由运算器和控制器组成。

（75）**参考答案**：A

试题解析 常见的动画文件格式有.swf 和.gif，而.rm、.wmv、.avi 是视频文件格式。

信息处理技术员模考卷 第6套
应用技术卷参考答案/试题解析

试题一（Word）参考答案/试题解析

参考答案

本题的结果如图6-1-1所示。

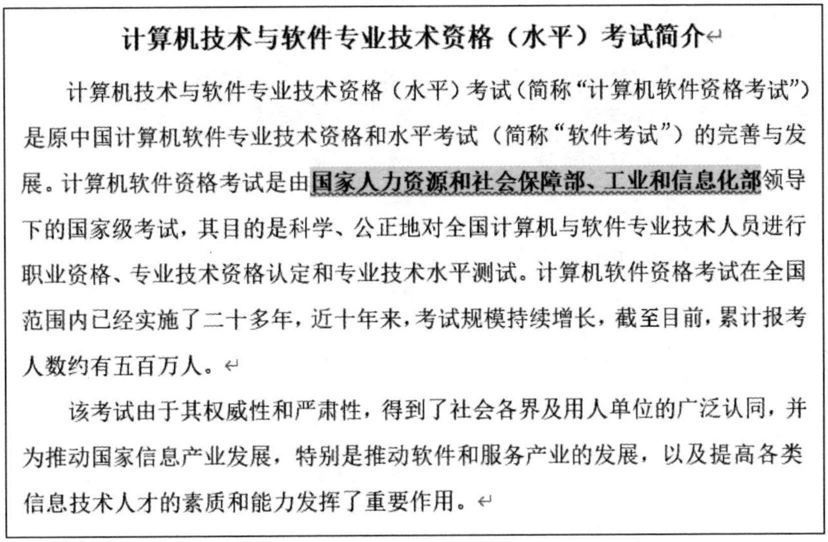

计算机技术与软件专业技术资格（水平）考试简介

　　计算机技术与软件专业技术资格（水平）考试（简称"计算机软件资格考试"）是原中国计算机软件专业技术资格和水平考试（简称"软件考试"）的完善与发展。计算机软件资格考试是由**国家人力资源和社会保障部、工业和信息化部**领导下的国家级考试，其目的是科学、公正地对全国计算机与软件专业技术人员进行职业资格、专业技术资格认定和专业技术水平测试。计算机软件资格考试在全国范围内已经实施了二十多年，近十年来，考试规模持续增长，截至目前，累计报考人数约有五百万人。

　　该考试由于其权威性和严肃性，得到了社会各界及用人单位的广泛认同，并为推动国家信息产业发展，特别是推动软件和服务产业的发展，以及提高各类信息技术人才的素质和能力发挥了重要作用。

图6-1-1

试题解析

1. 对照素材进行打字输入，将全部文字和标点输入到Word文档中。输入完成后注意检查错别字、内容遗漏、标点错误、段落区分。

2. 选中"计算机技术与软件专业技术资格（水平）考试简介"，然后找到"开始"选项卡，在其中的"字体"工具栏中进行字体、字号、颜色、加粗的设置，然后在"段落"工具栏中选择"居中对齐"按钮，如图6-1-2所示。或者也可以在"开始"选项卡中单击"段落"工具栏的右下角，打开"段落设置"对话框，然后在"常规"项中"对齐方式"的下拉列表中选择"居中对齐"，如图6-1-3所示。

图 6-1-2

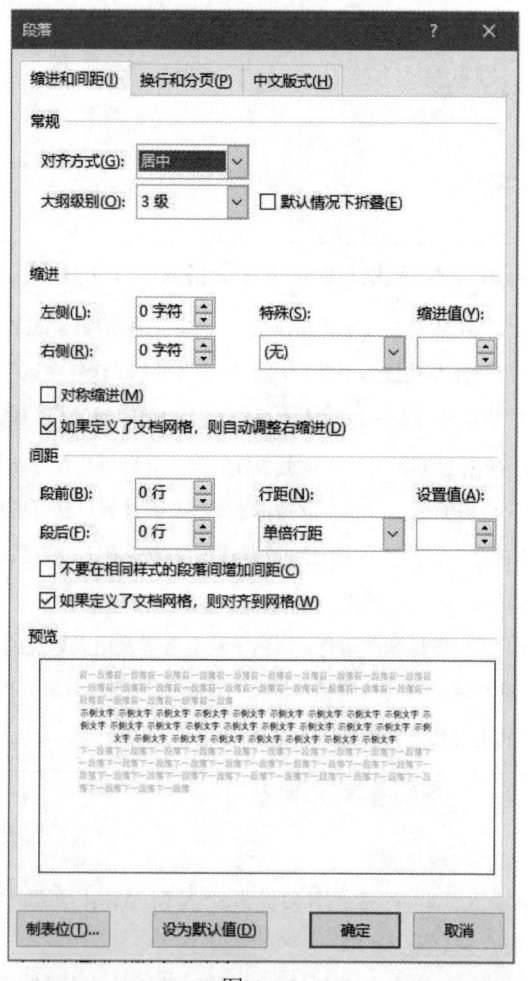

图 6-1-3

3．将光标定位在第一段文字的最前方，然后单击"段落"工具栏的右下角，打开"段落设置"对话框，在"缩进"项的"特殊"下拉列表中选择"首行"，完成第一段文字的首行缩进设置，如图 6-1-4 所示。依据同样的方法，设置第二段文字的首行缩进。

4．选中两段正文内容，然后单击"段落"工具栏的右下角，打开"段落设置"对话框。在其中的"间距"项的"行距"下拉列表中选择 1.5 倍行距,如图 6-1-5 所示。

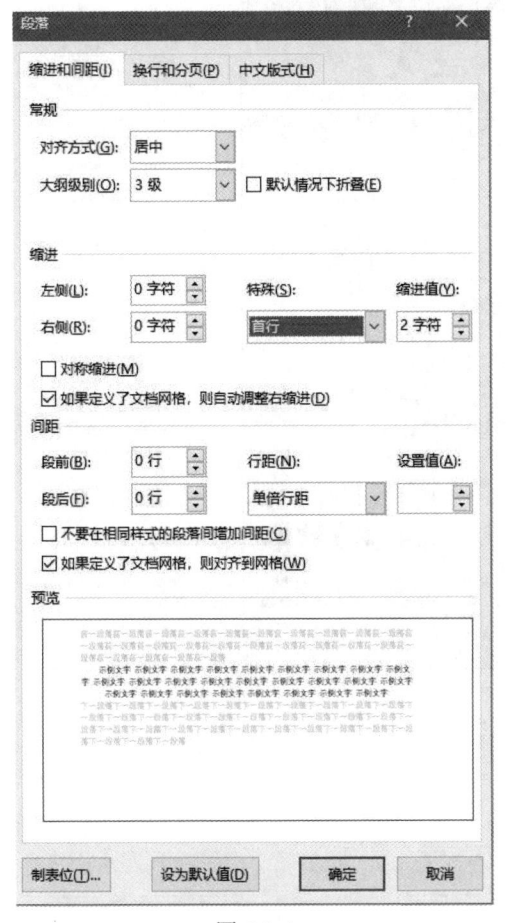

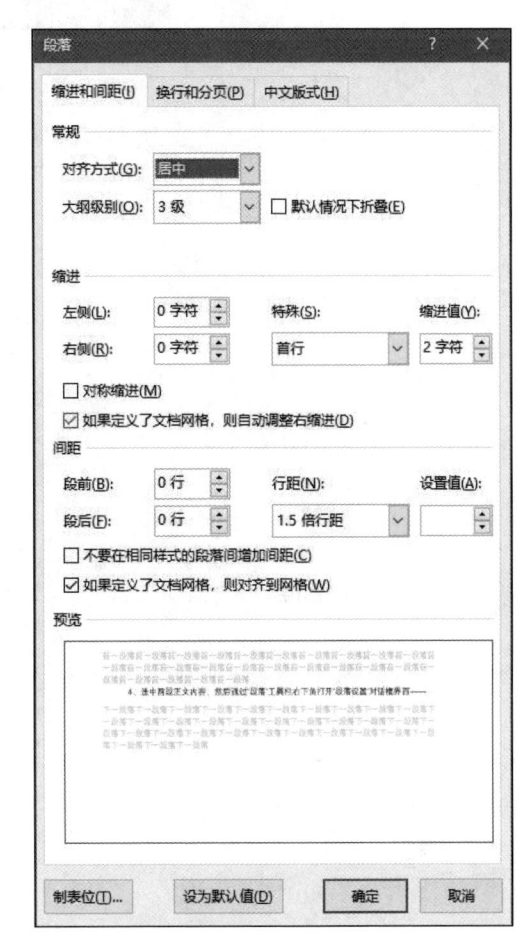

图 6-1-4　　　　　　　　　　　　图 6-1-5

5．选中第一段中的"国家人力资源和社会保障部、工业和信息化部",然后在"字体"工具栏进行加粗并把字体设置为鲜绿色,操作界面如图 6-1-6 所示。加红色波浪线的下划线操作如图 6-1-7 所示。

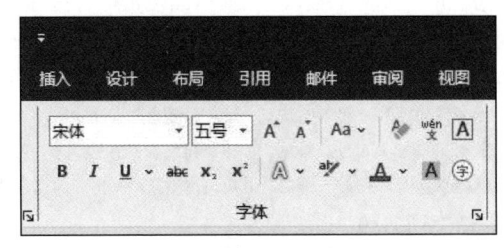

图 6-1-6

157

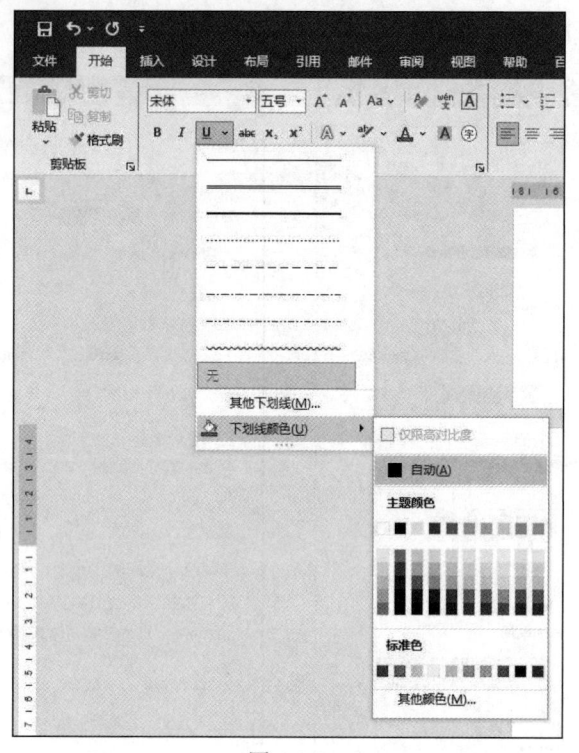

图 6-1-7

试题二（Word）参考答案/试题解析

参考答案

本题的操作结果如图 6-2-1 所示。

图 6-2-1

试题解析

1. 对照素材进行打字输入，将全部文字和标点输入到 Word 文档中。输入完成后注意检查错别字、内容遗漏、标点错误、段落区分。

2. 先用鼠标选中"白杨树礼赞"，然后在"字体"工具栏中进行字体、字号、颜色、加粗的设置，然后在"段落"工具栏中单击"居中对齐"按钮，如图 6-2-2 所示。也可单击"段落"工具栏的右下角，打开"段落设置"对话框，在"常规"项的"对齐方式"下拉列表中选择"居中对齐"，如图 6-2-3 所示。

图 6-2-2

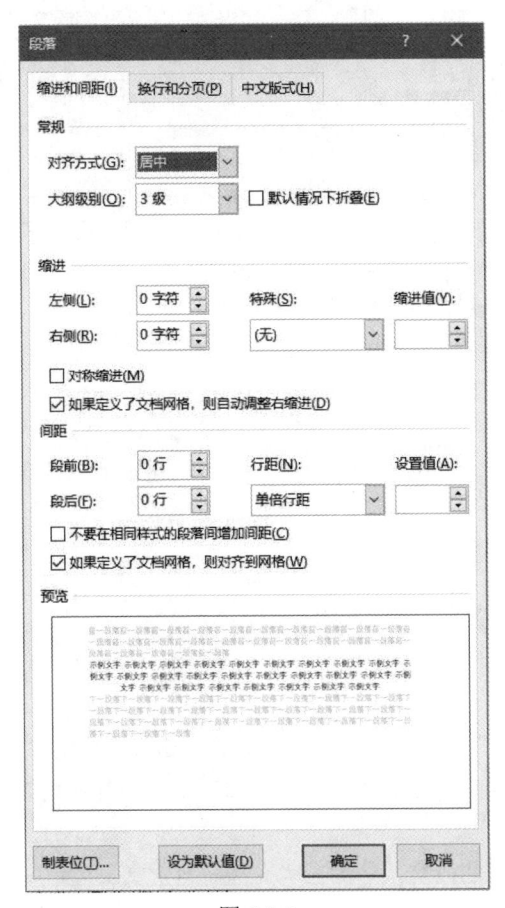

图 6-2-3

3. 将光标定位在第一段文字的最前方，然后单击"段落"工具栏的右下角，打开"段落设置"对话框，再在"缩进"项的"特殊"下拉列表中选择"首行"，并设置缩进值为 2 字符，完成第一段文字的首行缩进设置。再用鼠标选中正文全部内容，然后单击"段落"工具栏的右下角，打开"段落设置"对话框，在"间距"项的"行距"下拉列表中选择"固定值"，并在右侧"设置值"框中输入 20 磅，如图 6-2-4 所示。

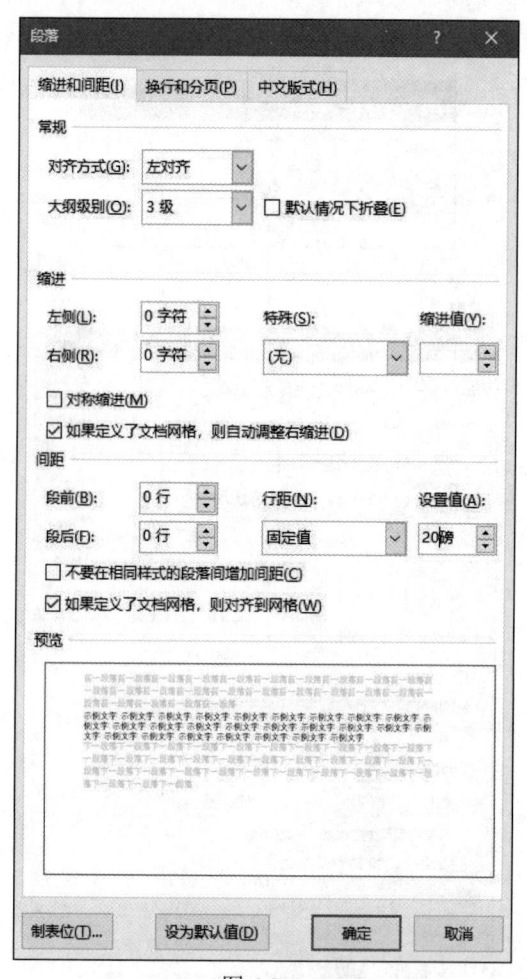

图 6-2-4

4. 单击"布局—页边距"下方的倒三角符号，再单击最下面的"自定义页边距"，打开"页面设置"对话框，如图 6-2-5 所示，设置"页边距"选项卡中的各项数值，然后在"应用于"下拉列表中选择"整篇文档"。

5. 用鼠标选定所有正文的内容，然后在"布局—自定义页边距—页面设置—栏"的下拉选项中选择"更多栏"，在弹出的对话框中选择"两栏"并勾选"分隔线"，如图 6-2-6 所示。

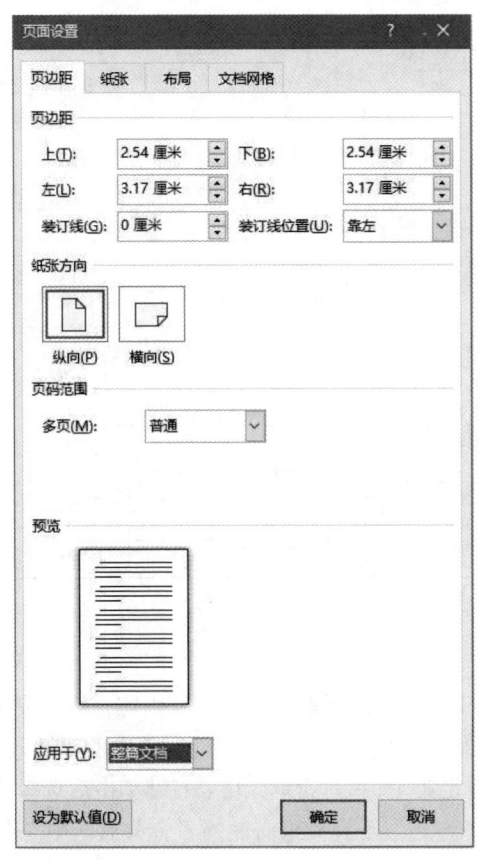

图 6-2-5

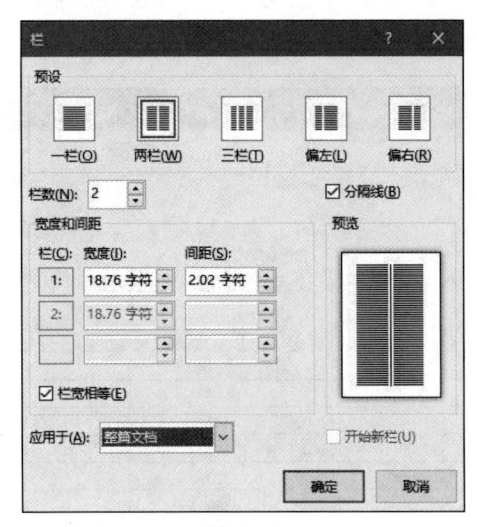

图 6-2-6

试题三（Excel）参考答案/试题解析

参考答案

本题的操作结果如图 6-3-1 所示。

图 6-3-1

试题解析

1. 打开指定的空白 Excel 表格，按照素材输入所有内容，输入完成后注意检查确认。

2. 用鼠标单击第 1 行行标，右键单击，选择快捷菜单中的"插入"命令即可在选定行上方快速插入新的一行，再用鼠标选定第 1~6 列的单元格，右键单击后选择快捷菜单中的"合并后居中"命令（或者单击"开始—对齐方式"工具栏组右侧的"合并后居中"图标）。在合并后的单元格中输入"销售业绩统计"，然后用鼠标选中本单元格，在"开始—字体"工具栏组中依次完成加粗、红色、宋体、四号的格式设置，再通过"对齐方式"工具栏的"居中"和"垂直居中"两个按钮图标即可完成设置，具体如图 6-3-2 所示。

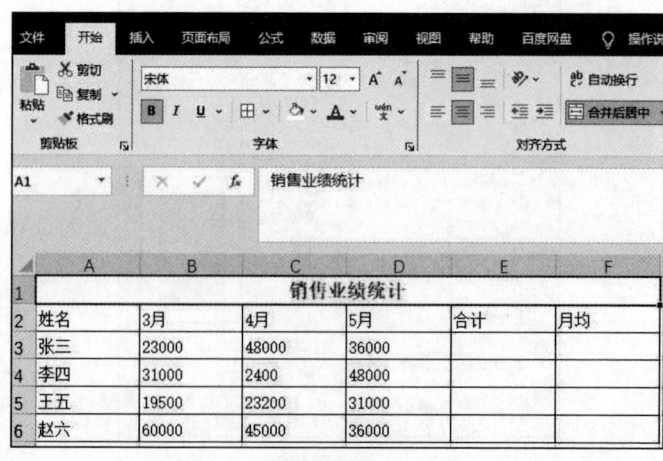

图 6-3-2

3．本题有两种方式可以实现。

（1）直接在 E3 单元格中输入函数"=SUM(B3:D3)"后按 Enter 键。

（2）选定 E3 单元格，单击"开始—编辑"工具栏组右上方的"自动求和"图标，然后选定 B3、C3 和 D3 三个单元格后按 Enter 键。

统计完张三的业绩合计后，拖动填充柄至 E6 行，即可自动计算其他人的业绩合计，如图 6-3-3 所示。

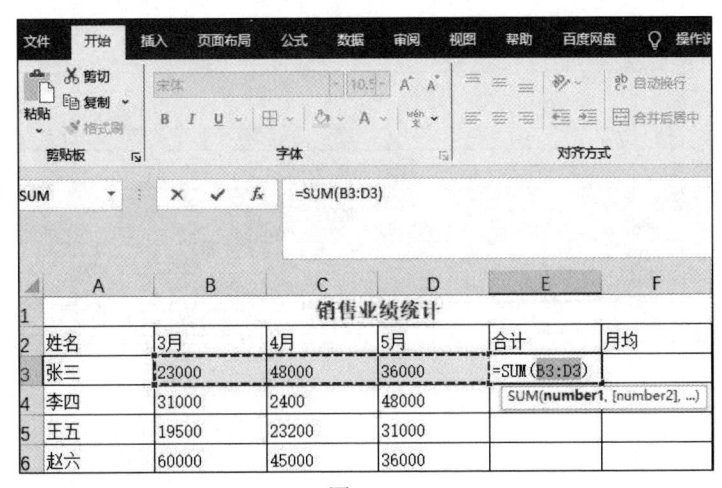

图 6-3-3

4．本题有两种实现方式。

（1）直接在 F3 单元格中输入函数"=AVERAGE(B3:D3)"后按 Enter 键。

（2）选定 F3 单元格，通过"开始—编辑"工具栏组右上方的"自动求和"图标后面的三角符号选择"平均值"，然后选定 B3、C3 和 D3 三个单元格后按 Enter 键，如图 6-3-4 所示。

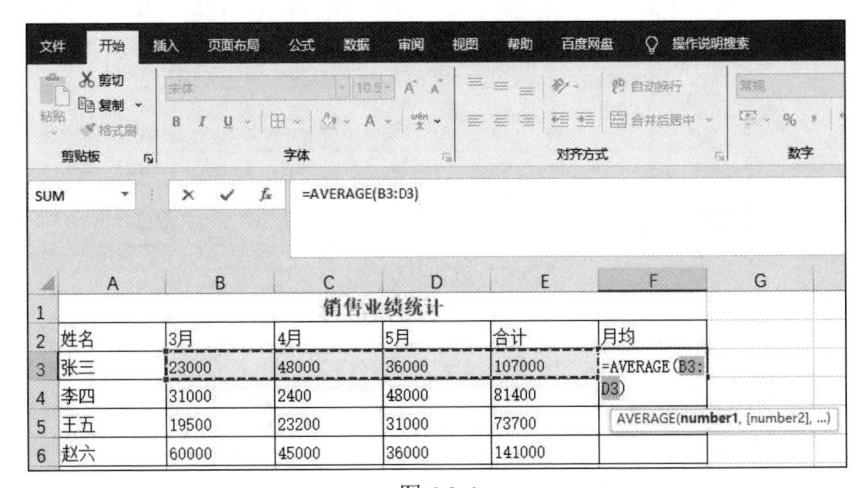

图 6-3-4

5．鼠标拖动选择整个表格区域，分别单击"开始—对齐方式"工具栏组中的"居中对齐"和"垂直对齐"图标，如图 6-3-5 所示。

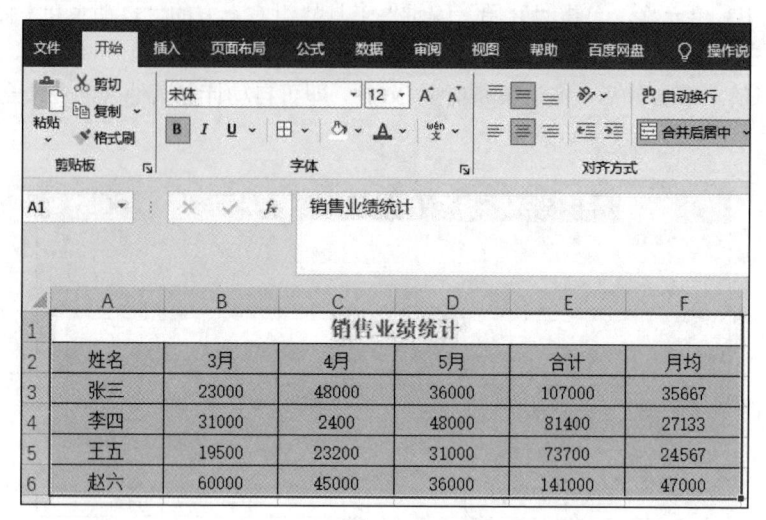

图 6-3-5

试题四（Excel）参考答案/试题解析

参考答案

本题的操作结果如图 6-4-1 所示。

姓名	语文	英语	数学	化学	总成绩	排名
王一伟	96	84	79	72	331	7
张光明	86	89	78	58	311	9
张佳宁	76	92	88	79	335	6
李贺	83	89	86	83	341	4
苗青青	100	99	88	89	376	1
董辉	72	85	86	99	342	3
俞敏	63	72	59	71	265	10
罗浩	84	68	78	90	320	8
孙军	78	87	79	96	340	5
蔡芳芳	87	98	79	85	349	2

图 6-4-1

试题解析

1．打开指定的空白 Excel 表格，按照素材输入所有内容，输入完成后注意检查确认。

2．在"化学"列相邻的右列中 F1 单元格输入"总成绩"，并在 F2 单元格中输入函数"=SUM(B2:E2)"后按 Enter 键，计算出王一伟的总成绩，然后拖动 F2 单元格自动填充柄直至 F11，即可自动计算出所有人员的总成绩，如图 6-4-2 所示。

F2　=SUM(B2:E2)

	A	B	C	D	E	F
1	姓名	语文	英语	数学	化学	总成绩
2	王一伟	96	84	79	72	331
3	张光明	86	89	78	58	311
4	张佳宁	76	92	88	79	335
5	李贺	83	89	86	83	341
6	苗青青	100	99	88	89	376
7	董辉	72	85	86	99	342
8	俞敏	63	72	59	71	265
9	罗浩	84	68	78	90	320
10	孙军	78	87	79	96	340
11	蔡芳芳	87	98	79	85	349

图 6-4-2

3. 将光标定位至 G1 单元格，输入“排名”，并在 G2 单元格中输入函数“=RANK(F2,$F$2:$F$11)”并按 Enter 键，在引用区域 F2:F11 时注意使用绝对引用（绝对引用的快捷键操作方法是：选定 F2:F11 区域后按 F4 键）。计算出王一伟的排名后，拖动 G2 单元格自动填充柄直至 G11，即可自动计算出所有人员的排名结果，如图 6-4-3 所示。

=RANK(F11,$F$2:$F$11)

A	B	C	D	E	F	G
姓名	语文	英语	数学	化学	总成绩	排名
王一伟	96	84	79	72	331	7
张光明	86	89	78	58	311	9
张佳宁	76	92	88	79	335	6
李贺	83	89	86	83	341	4
苗青青	100	99	88	89	376	1
董辉	72	85	86	99	342	3
俞敏	63	72	59	71	265	10
罗浩	84	68	78	90	320	8
孙军	78	87	79	96	340	5
蔡芳芳	87	98	79	85	349	2

图 6-4-3

4. 选中 A1:G11 表格区域，单击右键选择快捷菜单中的“设置单元格格式”命令，在“边框”选项卡下进行边框的各种设置，设置后的结果如图 6-4-4 所示。

姓名	语文	英语	数学	化学	总成绩	排名
王一伟	96	84	79	72	331	7
张光明	86	89	78	58	311	9
张佳宁	76	92	88	79	335	6
李贺	83	89	86	83	341	4
苗青青	100	99	88	89	376	1
董辉	72	85	86	99	342	3
俞敏	63	72	59	71	265	10
罗浩	84	68	78	90	320	8
孙军	78	87	79	96	340	5
蔡芳芳	87	98	79	85	349	2

图 6-4-4

试题五（PowerPoint 操作）参考答案/试题解析

参考答案

本题的操作结果如图 6-5-1 所示。

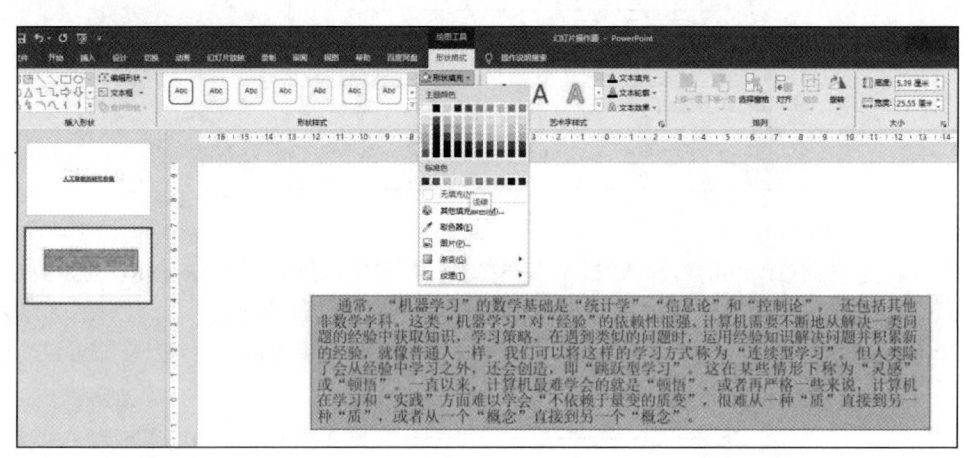

图 6-5-1

试题解析

1. 在打开 PowerPoint 时，单击"创建—空白演示文稿"。将空白文稿中的正文文本框删掉，然后在标题文本框中输入"人工智能的研究价值"，再在"字体"工具栏中进行相关的格式设置，如图 6-5-2 所示。

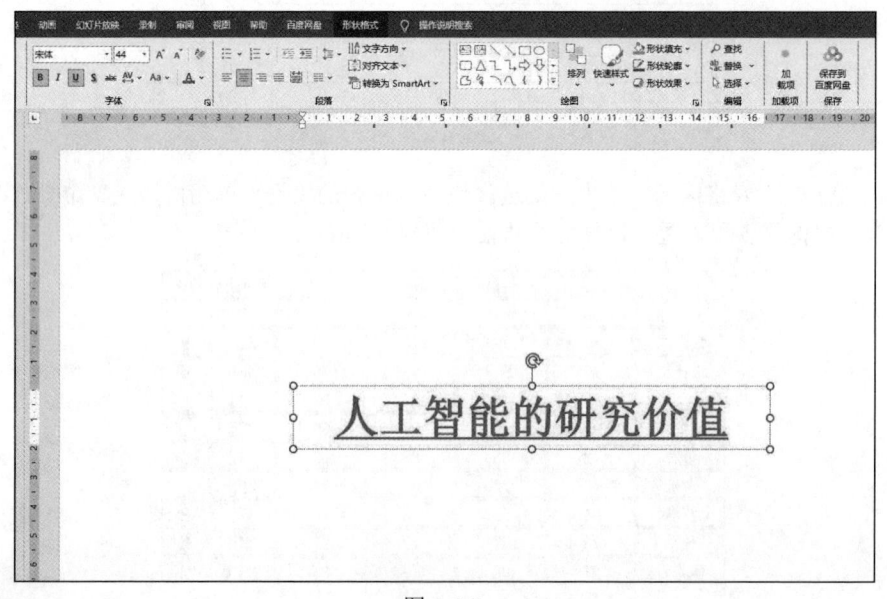

图 6-5-2

2. 在预览区下部空白位置单击右键，选择快捷菜单中的"新建幻灯片"命令，在新幻灯片的正文文本框内输入题目要求的文字，如图 6-5-3 所示。

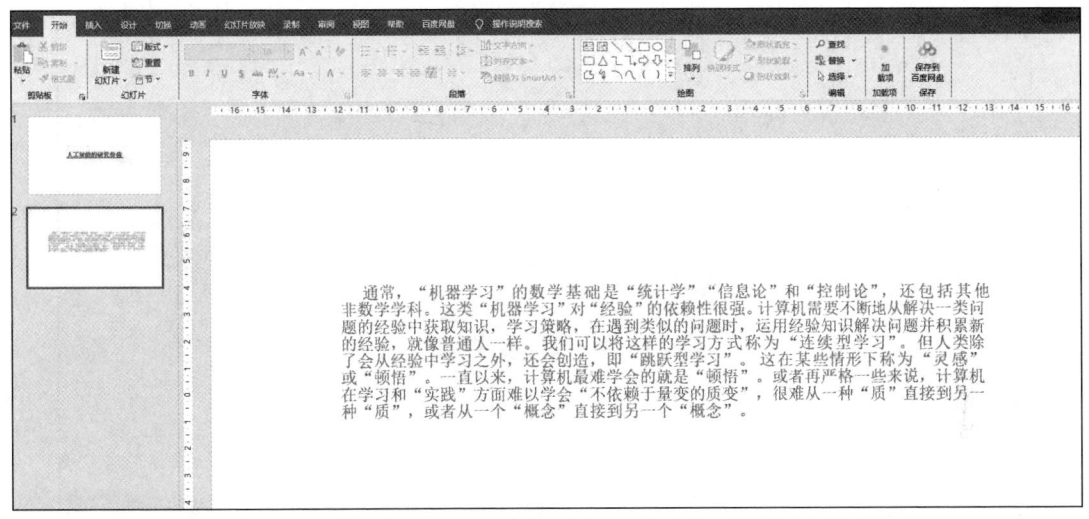

图 6-5-3

3. 选中所输入的全部文本，在"开始—字体"工具框中进行相关的字体设置。
4. 在文本框区域内单击右键，在快捷菜单中选择"设置形状格式"命令，可对文本框进行设置，设置效果图如图 6-5-4 所示。

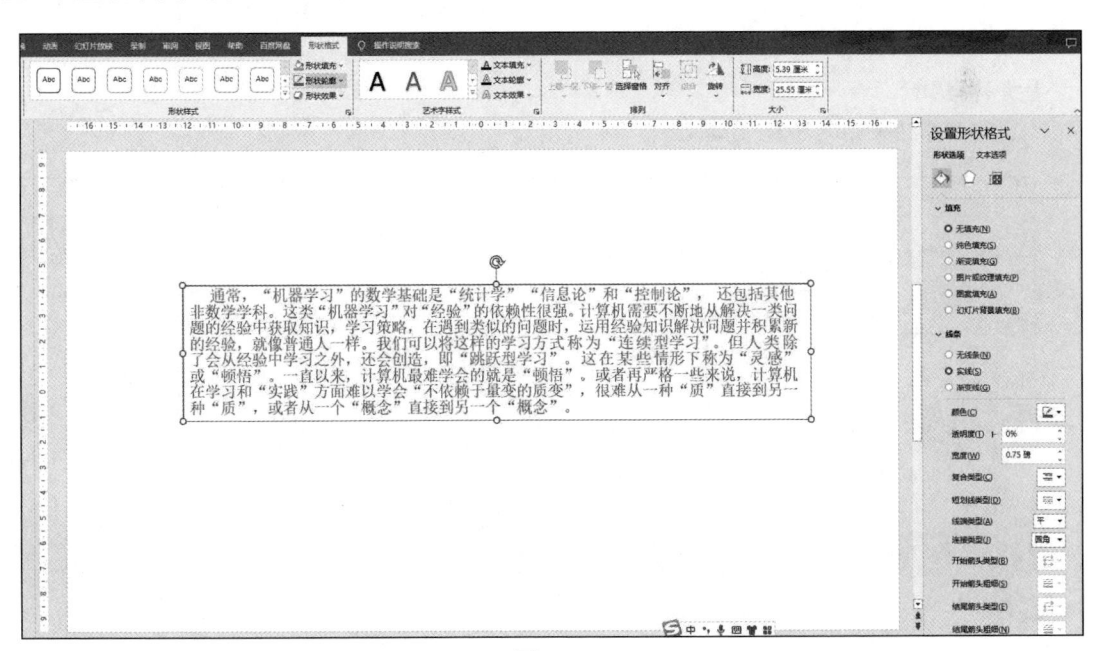

图 6-5-4

167

5．选中文本框后，直接单击右键，在快捷菜单的"填充"选项中设置浅绿颜色，如图 6-5-5 所示。

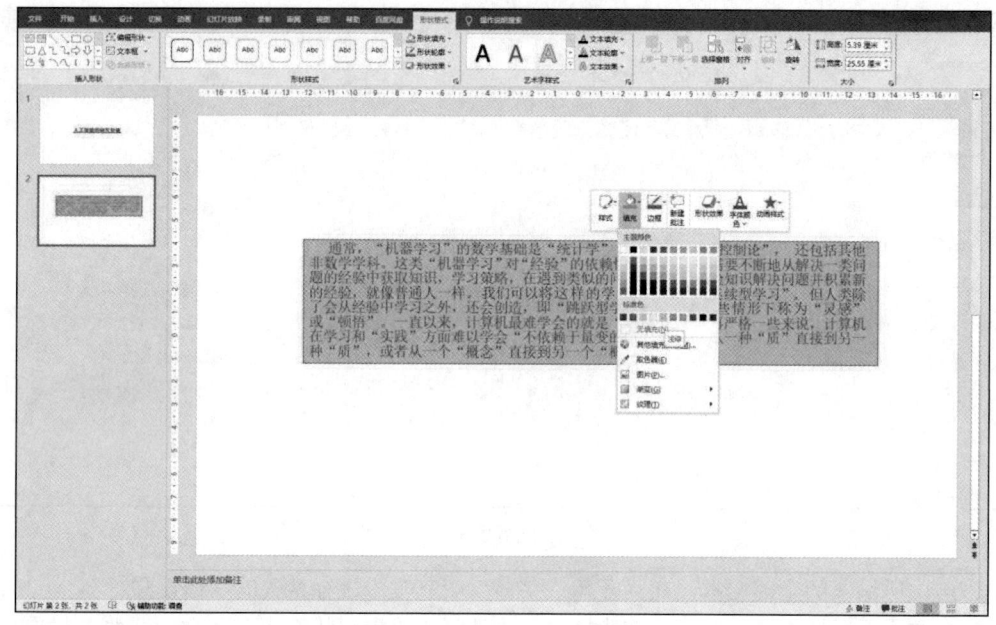

图 6-5-5

试题六（PowerPoint）参考答案/试题解析

参考答案

本题的操作结果如图 6-6-1 所示。

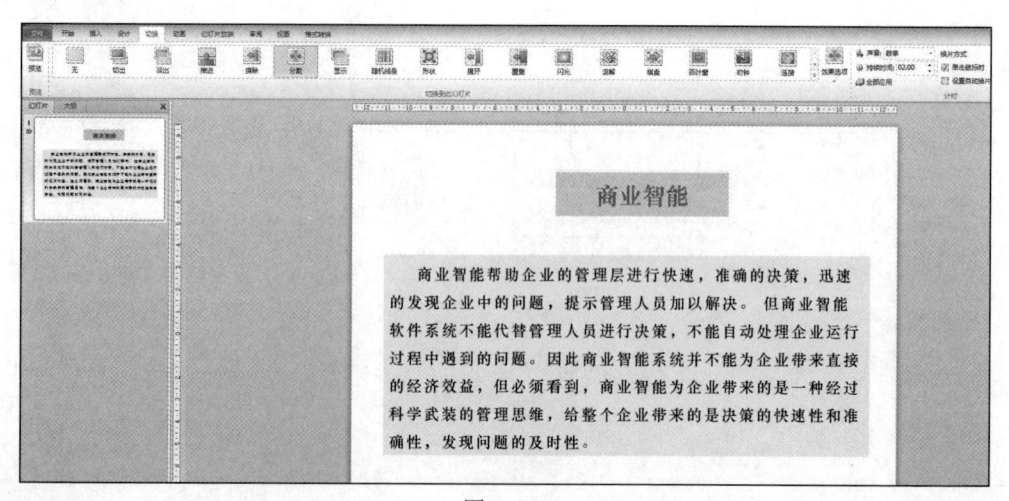

图 6-6-1

试题解析

1. 新建幻灯片并按要求录入指定内容，通过"开始"菜单选项卡中的"段落"对话框设置首行缩进和行间距，再通过"字体"工具栏设置字体。

2. 右键单击文本框选择"设置形状格式"命令进入对话框，根据题目要求进行背景颜色的选择，然后选中文本框，通过"动画"菜单选项卡设置"出现"动画效果。

3. 在文本框上方适合位置，通过"插入"菜单选项卡中的"形状"按钮选择"矩形"插入一个矩形框，右键单击该矩形框，通过"大小和位置"命令进行宽度和高度的设置，通过"编辑文字"命令进入"商业智能"标题的输入，通过"设置形状格式"进行矩形框背景颜色的设置，选定框内文字后，通过"字体"工具栏继续进行字体格式设置。

4. 选中矩形标题框，通过"插入"菜单选项卡中的"超链接"按钮进入超链接设置对话框，在弹出的对话框中的"地址"输入栏中输入指定的链接网址并确定即可完成（图 6-6-2）。

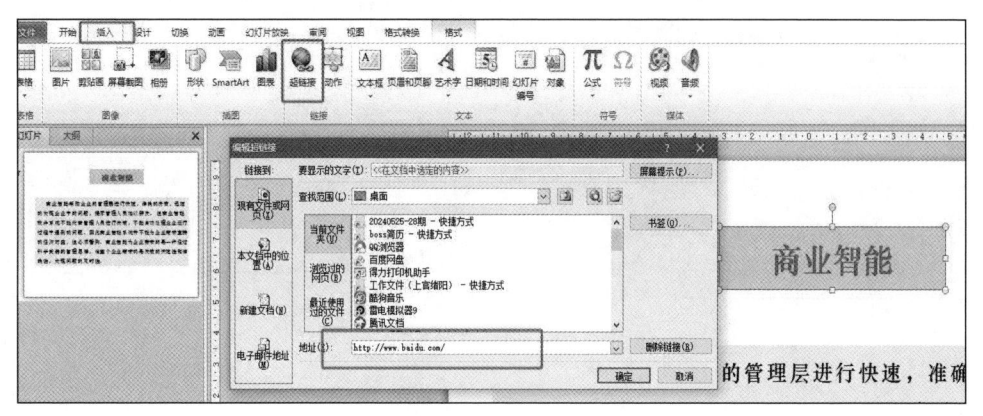

图 6-6-2